渋沢栄一

# 先見と行動

## 時代の風を読む

国書刊行会

栄一が率いた渡米事業団。シカゴのエジソン電気会社にて（1909・明治42年）

渋沢史料館提供

日本女子大学校寄宿舎開寮式（1924・大正13年）　渋沢史料館提供

東京商業学校正門
栄一は実業・商業教育の必要性を訴え、その実現と運営に取り組んだ。

渋沢史料館提供

日本国際児童親善会（1927・昭和２年）
米国から青い目の人形が贈られ、答礼に日本人形を贈ることになった。

渋沢史料館提供

# 刊行にあたって

「近代日本資本主義の父」というのが、渋沢栄一に贈られた名誉ある称号である。また「実業の父」とも呼ばれる。いずれの称号も、その事績に照らして万人の認めるところである。

青淵《せいえん》と号した渋沢は、求められれば、気さくに揮毫《きごう》し、講演に応じ、談話を寄せた。これらの講演録や談話を百話集め「青淵百話」と題し、明治四十五年六月に同文館より出版された。小社は昭和六十一年に復刻版を刊行したが、絶版となって久しい。

本書は彼の数多い著作の中でも代表作といえる。今でもその意義を失わない新鮮な言葉と内容の深さは、現代にこそ輝く処世哲学、実業哲学に満ちている。座右の書として適しているが、千頁を超える大著であり、かつ明治期の文語体は難解である。気楽に手に取り、携帯するには適していない。これは実に惜しいことであると思い続けて星霜を経た。

この「青淵百話」を、仕事に精を注ぐビジネスマンをはじめ、起業や政治を志す方々、そして老若問わずもっと多くの方々に気楽に手に取ってもらいたいと考えた。

このたび出版にあたり、現代語に変え、多少の注記を試みて出版することとした次第である。また大冊を四つの主題に大別、それぞれ内容にふさわしい書名を付し、携帯しやすいものとした。

さらに「青淵百話」の口述の特色である渋沢栄一の「話ぶり」「語り口」の特徴や、多少難しく硬い語彙でも講演で頻繁に使用されているような言葉は、あえて現代語とせず、また残されている彼の肉声録音も参考とし、まるで「渋沢栄一の声が聴こえる」かのような印象を読者に残すことに留意した。

第一冊は、国富論と公益論を中心とした「**国富論**―実業と公益」、

第二冊は、商業・経済道徳や道理等を中心に「**徳育と実業**―錬金に流されず」、

第三冊は、若者の立志を叱咤激励する「**立志の作法**―成功失敗をいとわず」、

第四冊は、彼の驚くべき先見性を示す「**先見と行動**―時代の風を読む」である。

読者は、それぞれ興味ある冊子を気楽に手に取られ、大いなる刺激と勇気を得て、また

心新たな指針として活用されることを望むものである。

財団法人　渋沢栄一記念財団の渋沢雅英理事長よりご推薦の言葉をいただき、渋沢史料館の井上潤館長より多大なご指導を賜ったことを、ここに改めて深く感謝するものである。また企画から刊行までの労をとっていただいた関敏昌氏、清水郁郎氏、現代語訳にご協力いただいた年来の編集人仲間である近藤龍雄氏に心より感謝申し上げる。

国書刊行会編集部

# 渋沢栄一　先見と行動 ——時代の風を読む——　について

渋沢栄一の「時代を読む感性」にスイッチを入れたのは、おそらくフランスに渡って受けた強い衝撃であったろう。一行は丁髷を結い、腰に刀を帯びていた。パリで、渋沢は自らを客観視できたのだ。

西欧諸国はこれほどまでに進んでいる。科学、社会制度、商工業…いずれをとっても日本より格段に進んでいる。攘夷などとんでもない時代錯誤である。このままでは日本が西欧列強に侵蝕されることは時間の問題である。抗おうにもその国力、戦力の格差は歴然としている。何とか植民地化されぬだけの国力を一日も早く蓄えなければならない。国家の力のもとは経済力であり、商工業の力である。

パリの冬空の下で幕府が倒れたことを知り、渋沢は焦燥感に捉えられていただろう。帰国すると明治であった。彼は静岡藩に銀行と商社のような「商法会所」を設立した。…

渋沢栄一は旺盛な好奇心と柔軟な思考の持ち主である。常に時代の風を読み、一歩先を行く提言を発した。その先見性と先進性は、当時としては過激な意見であったに違いない。

彼は早くから女子教育の必要性を説き、女子高等教育を推進した（日本女子大学、東京女学館等）。反対者はその弊害を論じたが、渋沢は弊害より社会益が大きいと説き続けたのである。またつとに実業・商業教育の必要性を訴え、商業大学実現に尽力した（一橋大学等）。

大逆事件に際し、忌むべき事件としながらも、貧富格差からくる諸問題に対し、今で言う社会の「セーフティネット」の必要性を説き、福祉や助産事業、養育院事業を推進した。

アメリカを視察すると、近い将来の日米商戦を予言し、その対策への取組みを訴えた。また日米国交の将来に深い懸念を表明した。

国家が富裕になるためには、地方が衰微するようなことがあってはならず、地方の繁栄こそが国家の富の源泉であると言明した。

「世の中から元気が失せた」…元気振興のために、渋沢は民間に政官に頼らぬ独立自営と自己責任を説き、政官に対しては今で言う「規制緩和」を訴えた。

本書は渋沢栄一の「青淵百話」から、彼の驚くべき先見性と先進性を示す話を集めて構成したものである。

編集部

# 目次

第五章　省みれば

# 第一章　新時代と実業

# 新時代の実業家に望む

## 新時代とは

まず本論に入る前に、「新時代」という言葉について、いつからのことを言うのか区別するための説明をしておきたい。いいかげんに新時代と言えば、旧幕府時代に対して維新以降現在までの期間だけを言うこともできるし、あるいは現在以降の、まさにこれからという時代を指して言うこともできる。

すなわち維新以降の四十年間は、旧幕府の諸制度が破壊されて新たな制度が敷かれた有史以来の大変革の時期であるから、この時期にすでに新時代に入ったものとしてもよい。

しかし、また一方から見れば、過去四十年間は要するに日本の将来のために基礎を作った準備の時代で、本当の堅実な発展はむしろ現在以降にあるから、したがって新時代も現在以後を指さなければならないとも言える。けれども、理屈はどうにでもなるので、今ここでこれら二つの解釈について、強いてどちらかに決断しなければならない必要もないが、私は便宜上《べんぎじょう》後者を指して新時代として、これについて論じてみようと思う。

その理由について言えば、現在は韓国を併合し、中国およびロシアと大陸で境界を接するようになった日本史上の一大新時期に際している。同時にまた、明治時代も今や四十余年を経て、法律、学問を初めさまざまな文化に関する諸制度の基礎も確立してきた時である。だから、仮に現在を境にして時代を前後に二分し、これを論じることは必ずしも私の独断にはならないと思うからである。そこで私はここに、前記の四十余年間はどのような様子で経過してきたのかを顧《かえり》みて、今後の来るべき新時代を担って立つ大きな責任のある人々のために一言その注意点を述べよう。

## 旧時代の状態

さて、旧時代の状態はどのようなものであったか。維新以前の幕末の頃は、専制政治の悪弊が極《きわみ》に達し、腐敗、堕落、無秩序など、あらゆる形容詞を使っても足らないほどの有様だった。したがって当時の政治に参与していたものの、ほとんどすべて無気力で識見《しきけん》の足りない者ばかりがそろっていた。

その中には相当な識見を持つ者もないではなかったが、彼らといえども周囲の機運に逆らうことはできず、大きな建物が倒れようとする時に一本の木では支えられないように、時代とともについに幕府も滅亡することになった。

その機運がこのように迫った原因について探求すれば、さまざまな遠因や近因があるだろうが、とくに大勢《たいせい》を動かすことになったのは、外国からの刺激であり、これを悪く言えば圧迫、よく言えば指導誘掖《ゆうえき》、つまり導き助けるという申し出を受けた結果にほかならないと思う。

幸いなことに幕府の政治家の中に、この外来の勢力に対処できるだけの能力を持った人がいて、三百年間の因襲を破ってついに現在の新時代を作る基礎ができあがったのである。維新の変革を作り上げた人たちの頭も、その後さまざまな動揺をきたし、かつ人の希望は、とかく現実よりも一歩も二歩も前に進みすぎるために、多くの衝突をもたらして、すぐに平静な世の中になったわけではない。いわゆる急進党があって征韓論《せいかんろん》のようなことも起こり、国会を早く開けと唱える人と、まだ早いと論じる人が出て鎬《しのぎ》を削った。このようにして、これらの事件が続発して政治界は一時大いに人々の心を騒がせた。

しかしながら、幕末の政治といい、維新後の政治といい、あまりに極端に走らず都合よく治まって現在に至ったことは、天の助けと人の力が一致した結果にほかならず、まったく天皇お一人の貴い徳のおかげであると、国家のために喜ばなければならない。

## 現在の時代はどんなものか

以上は幕末から現在におよぶ大よその経緯である。では翻《ひるがえ》って現在の時代はどのようなものだろうか。つくづく現在の様子を見ると、あるいは進歩の機運が少しためらいを見せる状態になりはしないかと疑わざるをえないのである。もはや明治も四十四年の歳月を重ね、だいぶ苔も生えてきたようだが、同時に埃《ほこり》も溜まった。

そして幕末が振るわなかった原因の一つであると思われる属僚《ぞくりょう》政治、つまり権力者に取りつくろう下級官吏による政治と、先例に従う昔の方法にこだわって何事も規則ずくめにすることに飽きてしまった感があるように思われる。

近頃、新聞などがよく現在の政治を評して官僚政治であると言うが、もちろん今、国家の重要な地位にいる人々は、誠心誠意国事に当たって忙しく、国家を視野に入れてほかを見ない賢明な人々であると私は信じている。しかし悪習というものはいつの間にか目立たないように、自然に生じてくるものであるということも、常に注意していなければならないと思う。

三百年もの長い生涯を閉じた幕府も、必ずしも初めからその政治が悪かったわけではない。名高い宰相や賢い大臣が出て理想的な政治が行なわれた時代もしばしばあった。それがしだいに悪い習慣を生じるようになり、ついに自滅するという運命を招いたのである。

私は、現代政治に対する市中の評判が一時の悪口であることを心から希望するのだが、もし忌まわしい悪習が実際にあるとすれば、このような悪習は細菌が蔓延《まんえん》していくような勢力を持っているので、すぐにそれを打ち破って、さらに理想的な新時代に向かって進むようにしたいものである。

## いまだに微々たる我が実業界

以上のことは、私の政治社会に対する観察と希望だが、次に少し自分の領域のことについて触れ、若い実業家諸氏のために一言申し上げたいことがある。

すでに述べた維新以降の事情については、実業界もだいたい同じような経路を歩んできたのである。とはいうものの、こんにちまで実業家の社会的な力は極めて弱いものだったので、社会が発展する機運が実業界を中心にして起こってきたことはほとんどなく、みな政治方面から動かされたことが実業方面に波及したにすぎなかった。したがって過去の実業界は、あたかも政治家がその余力を使って左右したというような有様である。

その結果、こんにちの会社や銀行の経営はとかく政権に支配され、大勢の株主によって維持するという気性が薄いようである。株式会社でありながら内実は専制的になってきた。日本銀行その他の大銀行、大会社には、適当な人物が引き続いて出て、相当な権力を植えつけた者もいる。けれども、その歴史が新しいのとともに力も弱い。常に時勢に従って発達してはきたものの、財力などにおいても海外と比較すればいかにも微々たるものである。

これも新興国である日本の実業界としては、やむを得ないことだろうが、今や世界列強に仲間入りした帝国の実業界としては、いかにも心細いことである。これまでは初期のこととして、それでも満足しなければならない事情もあったが、将来の第二期すなわち新時代の実業界はそんなことで満足するわけにはいかない。これはじつに若い実業家に強い反省をお願いしなければならない点である。

## 新時代の実業家の覚悟

したがって私は、新時代に活動する若い実業家に対して希望を述べる。過去の実業界はあまりに政府の力に依存しすぎた。だから今後の実業家はこの失策を参考にして、何事をも自分で整理し拡張していく覚悟を持たなければならない。

また実業家は他人の世話にならなくとも、仲間どうしお互いに利益を分け合うぐらいの考えを持つことが必要である。もし目前の小さな利益のために互いに食い合うようなことがあれば、ついには政府の裁判を煩《わずら》わせて黒白《こくびゃく》をつけなければならないようなことが起きる。それも、これまでのように仲間どうしの年寄りを呼んで仲裁するくらいならまだしも、仲間中では命令権はないので、結局は法律に訴えて裁決を仰ぐ以外に方法はなくなる。法律に訴え、または政府の力に依頼することになると、官憲の力はますます強力になり、政府万能となって民間の力はいよいよ衰退する結果となる。政治家に立派な人間ばかりいれば幸いだが、万が一その反対であれば、ついに実業界は災難に遭《あ》うようなことにならないとも限らない。

幕末の官吏が腐敗堕落していたことは言うまでもないが、実業家の側に一人も見識のある商売人らしい人物がいなかったことも、確かに幕府滅亡の一つの原因であったに違いないと思われる。その例を外国に求めれば、三百年前に全盛を極めていたスペインが衰退していったのは、要するに実業界にそういう人がおらず、商業がしだいに衰えていった結果にほかならない。さらにイギリスがその反対の現象を生じて、日進月歩で隆盛に向かった理由は、主として実業に重点を置いて商工業者も一所懸命に国家のために商工業の発展を考え続けたからである。

このように言う私のような者は、みずから幕末の世を生きてきた一人だが、その頃の商人が無知で道理に暗く無気力だったことには驚かされた。みずから反省する手本は身近なところにあり、まさに新時代に行動を起こそうとする実業家は、これらのことを教訓としてもらいたい。

## 結論

要するに自分たちは第一期の実業家として非常に暗い時代を経験し、開拓者の立場でもあれば、指導者の側にも立って、とにかくこんにちの実業界を築き上げた。そして我が実業界はまさに第二期の飛躍の時代に入ろうとしつつあるのだから、実業の経営に当たろうとする若い実業家諸氏には一層、奮闘努力してその任に堪えるだけの覚悟を持ってもらわなくてはならない。

今、政府当局者の現在の仕事ぶりを静かに観察していると、いろいろな民業をしだいに官の手に収めてしまおうとする弊害があるようである。しかし、政府のこうした方法に対して、実業家のみなさんはまだまだ目が覚めていないように思う。だから私は、この実業家たる者はよく大局を達観する眼力を持ち、同輩どうしで助け合いながら十分に職分を尽くしてくださるよう熱望する。同時に政府当局の人々も、私の四十余年間の苦難を認めてくださるならば、それによって政府万能の悪弊《あくへい》をも悟られることだろう。あえて広く一般の方々に警告しておく次第である。

# 事業経営の理想

## 会社重役の職責

そもそも社会に一人立ちして、合本法つまり資本を合わせることによって一つの事業あるいは会社を経営しようとするには、その当事者たる者は立憲国の国務大臣が国民から寄せられた期待を担って国政にかかわるような覚悟で取り組まなければならない。

たとえば一つの会社の重役が株主から選ばれて、会社経営の職務に当たる場合には、重役である名誉も、会社の資産も、すべて大勢の株主から自分に任されたものだと理解して、自分が所有する財産以上の注意を払って管理、運用しなければならない。しかしながら、また一方で重役は常に、会社の財産は他人の物であるということを深く念頭に置かなければならない。

それは会社経営において、ある朝株主から不信任感を抱かれた場合には、いつでも会社を去らなければならないからである。なぜなら、重役がその地位を保ち、その職責を尽くしているのは、必ず大勢の株主に希望によるものだからである。もし大勢の信任がなくなった時は、いつでも潔くその職を去るのは当然のことである。

このような場合、公私の区別がはっきりとついて、会社の仕事と自分の身分とがすぐに判別でき、その間に少しも秘密がないようにしておかなければならない。これは、大勢の株主から期待されてその任に当たる会社の重役が、常に心得ておかなければならない大切な条件であると思う。

## 商売に秘密はない

ところが現代の実業界の傾向を見ると、時には悪徳な重役が出てきて、多数の株主から委託された資産をあたかも自分が所有しているように心得て、自分の思うままに運用して私利を得ようとすることがある。そのため会社の内部は一つの伏魔殿《ふくまでん》、つまり悪の根城と化し、公私の区別もなく秘密の行動が盛んに行なわれるようになっていく。まさに事業界のために嘆かわしい現象ではないだろうか。

もともと商売は政治などと比べれば、かえって機密などということなしに経営していかれるはずのものだろうと思う。ただし銀行では事業の性質としていく分か秘密を守らなければならないことがある。たとえば誰にどれほどの貸し付けがあるとか、それに対してどういう抵当が入っているなどということは、道徳上の義務として秘密にしておかなければならないだろう。また一般的な商売上のことでも、いかに正直にしなければならないとはいえ、この品物はどれほどの値段で買い取った物だが、今このくらいで売るからいくらの利益があるというようなことをわざわざ世間に触れ回る必要もない。

要するに不当なことさえなければ、それが道徳上必ずしも不都合な行為になるものではないと思う。しかし、これらのこと以外で、現在ある物をないと言い、ない物をあると言うような本当の嘘をつくことは断じてよくない。だから正真正銘の商売には、機密というようなことはまずないと見てよいだろう。

ところが実際の社会と照らし合わせれば、会社になくてもよいはずの秘密があったり、あるべきでないところに私的なことが行なわれたりするのは、どのような理由によるものだろうか。私は、重役にふさわしい人物が得られなかった結果だと断定してためらわない。

## 禍《わざわい》の元

であれば、この禍の元は重役に適任者を得ることができれば、おのずと消滅するものだが、適材を適所に使うということはなかなか容易なことではなく、現在でも重役としての技量に欠けた人がその職にあることが少なくない。

たとえば会社の取締役もしくは監査役などの名前を得ようとするために、ひまをつぶす程度の手段として名前を連ねている、いわゆる虚栄の重役というものがある。彼らの浅はかな考えは嫌うべきものだが、その希望が小さいだけに、さほど大きな罪悪を行なうような心配はない。

それから、好人物ではあるが、その代わりに事業経営の手腕がない者がいる。そういう人が重役となっていれば、部下の人間の善悪を識別する能力もなく、帳簿を調査する能力もない。そのために知らず知らずのうちに部下に誤ったことをされ、自分から作った罪でなくても、ついに救うことができない窮地に陥らなければならないことがある。これは前者に比べるとやや罪が重いが、しかしいずれも重役として故意に悪いことをしたものでないことは明らかである。

ところが、これらの二者よりもさらに一歩進んで、会社を利用して自分の立身出世を計る踏み台にしようとか、利欲を計る組織にしようという考えで重役になる者がいる。このようなことは、じつに許しがたい罪悪である。

その手段としては、株式の相場を釣り上げておかないと都合が悪いと言って、実際はありもしない利益をあるように見せかけ、虚偽の配当を行なったり、実際には払い込まない株金を払い込んだように装ったりして、株主の目を欺こうとすることなどである。これらのやり方は明らかに詐欺行為である。しかし彼らの手段は、まだそれくらいで尽きることはない。その極端な例では、会社の金を流用して投機をしたり、自分の事業に使ったりする者もいる。もはや、これでは窃盗《せっとう》と変わらない。

要するに、この手の悪事も結局、その職務に当たる者に道徳の修養が欠けているから起こる弊害であり、もしその重役が誠心誠意忠実に事業に当たったなら、そんな間違いは犯したくても犯せるものではない。

## 事業経営の理想

自分は常に事業経営を任ずるに当たり、その仕事が国家に必要であり、また道理にかなうようにしていきたいと心がけてきた。たとえその事業が小さなものであろうとも、自分の利益が極めて小額であるとしても、国家が必要とする事業を合理的に経営すれば常に楽しんで事に当たることができる。だから私は論語を商売上のバイブルとし、孔子の教え以外には一歩も出ないようにしようと努めてきた。

それから私の事業上の見解としては、一人の個人に利益がある仕事よりも、多く社会に利益のあるものでなければならないと思う。そのためには、その事業が堅実に繁盛していかなくてはならないと常に心がけていた。

福沢諭吉翁の言葉に「書物を著しても、それを多数の人が読むようなものでなくては効能が薄い。著者は常に自己のことよりも国家社会を利するという観念を以って筆を執らなければならぬ」という意味のことが書かれていたと記憶している。事業界のこともまた、この理にほかならないもので、大きく社会に利益を与えることでなくては正しい道筋の事業とは言えない。

仮に一個人だけが大富豪になっても、社会の大勢の人々がそのために貧困に陥るような事業であったならば、どのようなものだろうか。いかにその人が富を築き上げても、その幸福が継続されないではないか。だから私は国家の大勢のために富がもたらされる方法を講じなければ駄目だという考えも持ち、明治六年以来、銀行業一筋に身を委《ゆだ》ねてから、この心は終始一貫して現在まで変わることがなかったつもりである。

## 第一銀行と私

国家を一個人である自分の家にするというようなことは、本当の立憲国の為政者《いせいしゃ》がすべきことではない。そのようなことがあるとすれば、いわゆる王道に背くものであるから、誰もそれを黙視してはおかないだろう。事業を経営するうえでも、やはりそれと同じ考え方でなければならない。

私は実業界に入って以来、いまだに一日もこの考え方を失ったことはない。現在、自分は第一銀行において相応の力と信用を保ち、株も一番多く持っているから、もし私が銀行を自分の自由にしようと企てたならば、ある程度できないことはないと思う。だが私は、明日第一銀行の頭取を辞めても差し支えないようにしている。というのは、第一銀行の業務と渋沢の家のこととは塵《ちり》ひとつでも一緒にせず、その間にははっきりとした区別ができているということである。私は自分の地位を利用して、第一銀行の金で私利利欲を計るというようなことは微塵《みじん》も考えていないだけでなく、時として私財を割《さ》いてまでも第一銀行のために尽くし、その基礎が安心で堅固であるように図ってきた。

私の実際の経験談を述べれば以上のようなものである。そして、もし世の中の一般人が私の持論のように、社会の大勢の富を考慮することに立脚して、その事業経営に当たるならば、その間に大きな間違いが生じることはないだろうと信じている。

# カーネギー氏のこと

## アメリカで出会った人々

私がアメリカ合衆国を漫遊したのは明治三十五年と四十二年の二回であったが、この二回の旅行に際して現大統領タフト氏[※①]をはじめ前大統領ルーズベルト氏[※②]、ハリマン氏[※③]、ロックフェラー氏[※④]、ヒル氏[※⑤]、バンダリップ氏[※⑥]など、あらゆる政府と民間の名士に会見して親しく談話を交換できたことは私自身が光栄であるだけでなく、非常に愉快に感じられたことだった。ところが不幸なことに、二回とも有名なカーネギー[※⑦]、モルガン[※⑧]の二氏に会見する機会が得られず、非常に残念であった。

さて、私はこれら政治界、実業界の傑出した人々に会い、中には非常に忙しかったためにわずかに談話したにすぎない人もいるが、多少議論を交わした人もいないではない。そうして多くのアメリカ人に接触して得たアメリカ人気質《かたぎ》というものを一言で言うと、総じていわゆる直情径行《ちょくじょうけいこう》つまり思い隠さず物事をはっきりと言い、思い切りのよさがあり、知力が非常に豊かであり、思ったことは必ず成し遂げる気性を持っていた。これはじつに、アメリカ合衆国が開国以来、歴史がさほど長くないにもかかわらず、大きな国力を持つに至り、国の栄光を世界に示しているゆえんであろう。

【註】※① タフト氏◆ウィリアム・タフト（一八五七～一九三〇）。第二十七代アメリカ合衆国大統領。第十代連邦最高裁判所主席裁判官。

※② ルーズベルト氏◆セオドア・ルーズベルト（一八五八～一九一九）。第二十六代アメリカ合衆国大統領。一九〇五年、日露戦争における日本とロシアの調停役を務め、翌年、ポーツマス条約（日露講和条約）の立役者としてノーベル平和賞を受賞。

※③ ハリマン氏◆エドワード・ヘンリー・ハリマン（一八四八～一九〇九）。アメリカ合衆国の実業家、銀行家。

※④ ロックフェラー氏◆ジョン・ロックフェラー（一八三九～一九三七）。アメリカ合衆国の実業家。石油王としても知られ、スタンダード・オイル社を世界最大の石油会社に発展させたが、慈善事業

にも多額の資産を使った。
※⑤ ヒル氏◆ジェームス・ジェローム・ヒル（一八三八〜一九一六）。グレート・ノーザン鉄道の最高経営責任者。
※⑥ バンダリップ氏◆ナショナルシティー銀行のフランク・バンダリップと思われる。
※⑦ カーネギー◆アンドリュー・カーネギー（一八三五〜一九一九）。アメリカ合衆国の実業家。カーネギー鉄鋼会社の創業者。慈善家としての名声が高い。
※⑧ モルガン◆ジョン・ピアポント・モルガン（一八三七〜一九一三）。投資家、銀行家。鉄道や海運会社も経営。金融界と産業界を支配する財閥と作り上げた。社会奉仕活動でもある。

## ルーズベルト氏とタフト氏

私が会った人物にも、おのおの特長がある。たとえば政治家でもルーズベルト氏とタフト氏とは大いに性格が異なっている。

ルーズベルト氏はなんと評したらよいだろうか。漢語の短い句であのような大偉人を評し尽くすことができないのは残念だが、要するに自分が望んだことに対しては何事も避けることなく、成し遂げるまでは止らないという大決心を持っており、非常に度量が大きく、非常に雄大であり、そのことに全力を傾け、満身が国家的な考えを凝縮《ぎょうしゅく》しているように思われた。

また当時の大統領であるタフト氏は、いかにも玉のように温厚で、非常にへりくだっていて豊かだが、その中に堂々とした姿勢が備わっており、勇ましく凛々しく、冒しがたい雰囲気を保っている。まだ年齢的に若いにもかかわらず合衆国全土の名声、人望を集めて大統領の地位に就かれたのは理由のあることであり、国内の施設などが合衆国民の希望を満足させていない点があるかもしれないが、だいたいにおいて称賛すべき長者であると見受けられた。

とくに人と接する際の対応ぶりなどには愛嬌があり、俗に言う如才ない人と言ってよい。また非常に記憶力の優れた人と見え、私たち実業団一行に接しられた時のことなど、一度会った人のことは一つひとつ記憶しておられ、それぞれにあの事業はどうで、この事業はこうだと、その長所を捉えて一言ずつ称賛の言葉を応対の中に交えるところなどは、親切で注意力のある人とも思われた。

## ハリマン氏とジェームス・ヒル氏

ハリマン氏にはアメリカでも、また日本に来られた時にも会って言葉を交わしたが、アメリカ人としては体格が小さいほうである。しかし全身すべて知恵で固めたような人で、少しも抜け目がない。しかも、非常に素早くすべての談話を進めていくことはじつに巧みである。

たとえば第一銀行の事業に関する質問など「当時、預金はどのくらいありましたか」と聞かれたので、「およそ五千万円ありました。アメリカの銀行に比べれば小規模ですが、しかし第一銀行は日本の銀行界では相当の地位を固めています」と答えると、「日本で五千万円の預金を持つということは、なかなか有力な銀行でしょう」と言って、「その預金の種類はどんなものですか、商売人が儲けた差し引き額が多いですか、金持ちの預金が多いですか、貸金の相手はどんな人ですか」というようなことを抜け目なく尋ね、わずかな談話の中にもその真相を知ることに努めて、話が無駄にならないように心がける人であると推測された。

同じ実業家でも、ハリマン氏とジェームス・ヒル氏とは大きく様子が変わった点がある。私は明治四十二年の旅行の時、セントポールでヒル氏に会見した。いかにも温和な君子のような雰囲気ばかりが感じられ、抜群に才能があるというような様子は少しもなく、言葉も華やかではない。誠に飾り気がなく素直であり、いたって堅実な人であるように見受けられた。

ヒル氏はどちらかというと、むしろ東洋の雰囲気を持った人で、その言葉も非常に穏やかであり、アメリカ流に自分が望んでいることを人にも行なうというようなこともなく、相当に遠慮もあれば謙遜もある。とくに私がヒル氏に感心したのは、例のアメリカ風の勝手気ままで突飛な経営を忌み嫌い、自国の前途を憂える点で「もう少しアメリカ人の浮ついた気性を引き締めて、一般国民が堅実に農業に力を尽くすようにならなければ、自国の将来は思いやられる」とまで極論し、かつ地方の人々が農業を捨てて都会に集中し、商業もしくは工業に移ることはアメリカのために非常に憂えるべき現象である」と論じておられた。

また、日本に対する感想についても、ヒル氏は私と談話中にこう語られた。

「どうもアメリカ人は我がままだから、日本人から嫌われるだろうと心配している。だいたい世の中は勉強から権力が生じるもので、それこそ天の使命と言ってもよい。実際、日本の満州に対する関係は、日清日露の二回の大戦争から得たもので、地理上からも当然認められることで、いわば一番の先着者である。ところがアメリカ国民ははじめ他の多くの国々は日本が優先権を持つことを嫌うように論じているのは、かえって無理があるだろう。二度の大戦争における労力と費用は大変なものである。それに対していく分かの報酬を受けるのは、おのずと約束されていることではないか」と。

他のアメリカ人もみな日本に対してよい感情を持っているらしく、日本の武勇を褒め、日本の進歩を称賛したが、満州の話になると、中には暴力をもって暴力に代えてはいけないという忠告的な言葉がないでもなかった。ところが、ヒル氏に関してはまったくそれと反対で、心の底から公平に言われたように感じられた。これらは誠にその人の道理を明らかにし、公平無私な性格を証明することができると思う。

## カーネギー氏

さらにこの章の主題であるカーネギー氏のことを述べたいが、前に述べたように私はまだ一度も氏にめぐり合ったことがないので、あるいは想像論に陥るような点があるかもしれない。しかし、氏の著書を通して私が感じたことを二、三述べてみようと思う。

カーネギー氏の経歴を見ると、氏は学問から身を起こした人ではない。初めはスコットランドのダンファームラインというところの機織屋《はたおり》に生まれたのだが、しだいに精巧な機械が発明されるに従い、旧式の機織屋は自然に衰退するようになり、ついに一家を維持することができなくなった。

そこで一八四八年に一家をあげてアメリカに移住し、ペンシルバニア州のピッツバーグ市にささやかな家を借り受け、父とともに紡績工場の糸巻き小僧に雇われて、週一ドル二十セントの賃金をもらうようになった。氏が十三歳の時だった。その後、間もなくして市の電信局の配達夫となり、かたわら電信技師としての技術を身につけたが、たまたま一人の技師と知り合いになり、電信技師に抜擢されることになったのであった。

ところが、カーネギー氏は電信技師としても評判がよかったので、当時ペンシルバニア鉄道会社の支配人であった同郷のスコット氏に知られ、ついに同社に入ることになった。その後、この会社の増株募集に応じて十株の株主となり、それからしだいに蓄財してストレイファムの石油坑を四万ドルで買収したが、よほど運の強い人らしく、その一カ年の利益配当が百万ドル以上に上がったことがあるという。

この時、カーネギー氏はわずか三十一歳の一壮年にすぎなかったのである。その後、この会社の主任に昇進したけれども、鉄橋架設の仕事があったときに、将来を見通す見識があったカーネギー氏は、これから鉄材の需要が無限にあるだろうという見込みをつけて会社を辞め、すぐに鉄材供給事業の独立経営に着手し、それ以来、努力奮闘してついに十数億ドルの富を築き上げるに至ったという。以上はカーネギー氏の略伝であるが、私はさらに、氏の美しい精神について少し述べたい。

## カーネギー氏の富に対する考え方

カーネギー氏について感心すべき点は、十数億ドルという財産を持っていながら、それをほとんど意に介していないと思われることである。

氏はその財産、その富を得たのは自分が世に立って尽くすべき責任を尽くした結果であり、事業経営に全力を注いだのは、第一に天の使命によるものであるかのように捉え、その使命に基づいて蓄財して得た富をどのように使えば国家社会のためになるだろうかと考えた。それを完全に果たさない以上は、決して人がこの世に立ってその本分をまっとうしたとは言えないというような崇高な考えを持っている。

そもそも世間一般の考えとしては、自分で働いて蓄財すれば、それは自分の勉強や知恵から儲け出したものだから、自分のものと思うのが普通である。ところが、カーネギー氏の持論を見ると、まったくそれに反して、自分が所有する財産がほとんど自分のものであることを忘れているかのように見える。

その持論の中に「富は目的にあらず」と題して、だいたい次のような意味のことが書いてある。

「世の中の人々が、ともすると富を人生の目的であるかのように考えるのは非常にいやなことである。その日暮らしの労働者が金銭を得るのと得ないのとでは死活問題にかかわるため金銭が万能であるとし、金銭の前には誰も膝を屈してくると判断することは無理もない。しかし、かの貧乏な世襲貴族が身分を忘れてひたすら金銭に媚びるのは、おそらく金銭がなければ彼らの華美な生活を維持し、地位や繁栄を願うことできないからだが、そのようなことはほとんど言う必要もない。

さらに今の世の中、その賢さ愚かさを問わず富のある女性を妻に迎え、その財産の恩恵に浴そうとするようなことは、心が卑しく劣っていることは論外と言わざるをえない。もともと自分に何の手柄や功績もないくせに、その親の残した功績に依存して社会で高い地位を占めようと思うのは、はなはだしい誤りである。

試しに見てみなさい。医者のような人、弁護士のような人、裁判官のような人、また発明家、建築家、工業技師、科学者のような人、もしくは大学総長、教授、小学校教員のような人、あるいは詩人、著述家、政治家のような人は富の偶像を拝んだり黄金の魔力を万能として、これを得ることを最終的に世の中の目的とし、生涯の名誉とし、一生の事業であるとはしていない。その眼中には富の偶像よりも、黄金の魔力よりも一層高尚《こうしょう》な目的があるからこそ、進んでこれらの職業を選んで従事しているのではないか、云々」と。

これがすなわちカーネギー氏の心中であるが、このような心で蓄えた金こそ、本当に国家社会の公益となるのである。

## 財産が多いほど徳を発揮する人

古人の言葉に「君子財多ければ其の徳を損じ、小人財多ければ其の過を増す」というものがある。身分の低い人がたくさんの富を持てば必ず過失が伴うものだが、君子人であっても、ともすれば富のためにその徳を損じてしまうようなことがある、という意味を述べたものである。

ところがカーネギー氏は「遺産は子孫に多くの恥をもたらすものである」という考えを

抱き、かつて「私の資産四億万ドルをどのようにすべきか」という大提案を発表して世界を驚かせた。そして学校、病院、図書館その他の建築または各種の保護、奨励などに寄付した金は莫大な額であるという。

じつに氏のような人物は、財産いよいよ多ければ、その徳いよいよ発揮するものであると称賛しても過言ではないだろう。こんにちアメリカが世界の富強国として飛躍し、なお発展を続けているのは、前に述べたような何人もの偉大な人物が貢献して力を発揮していることは言うまでもないが、とくにカーネギー氏のように、臆病者を奮《ふる》い立たせ、頑固者の目を覚まさせるほどの崇高な精神によって世の中に対処しつつあるのは、私が最も喜ばしく羨ましく思い、心から尊敬しないわけにはいかないことである。

## 国家的思考の実業家

「もし自分があれくらいの金持ちになれば、慈善事業や公共事業に惜しまず金を出すが、今の金持ちは云々」と世間の金のない人はよく言う。ところが金持ちはまた「五千万円の財産がなければ六千万円の財産にしたい。六千万円になれば七千万円にしたいと思うのが人情の常だ。とかく傲慢なことは金のない人だからい言えるのである」と冷笑する。

ところがカーネギー氏は、そんな蝸牛《かたつむり》の争いのようなことには超然としていて、根底から富は自分の力だけで築けるものではないと信じている。だから、熱心に蓄積した何億もの金を、どのようにすれば世のため国のために価値ある使い方ができるのかと苦心したのだろう。次の一節を見ても、富はその人だけの力によって成るものではないという氏が心の底から抱いている理想をうかがうことができるのである。

カーネギー氏は「どのようにして富が築かれるのか」と題して次のように論じている。便宜上、地名などは私が変更した。

「富の分配が平等ではないので貧富の懸け隔てが生じるのは、おそらく人々の性格や事情がそれぞれ異なっていることの結果であり、またやむを得ないこの世の成り行きである。しかし富は決して一個人の財産ではなく、社会共同の産物であることを忘れてはいけない。その一例を示せば、ここに二人の兄弟がいて、仮に地価や周囲の事情は少しも変わらない同様なものとして、兄は王子付近の土地を、弟は大森付近の土地を父から譲られたとしよう。そして、この兄弟は働きぶりも家庭の状態も同様であり、社交界における地位も変わらないとしよう。ところが十年後、東京の市街が南に向かって拡張された結果、弟はついに富豪になったにもかかわらず、兄は依然として一農夫であったとしたらどうだろう。

弟が富豪になったのは、兄に勝る特別な苦労をして土地を値上げさせたのではなく、まったく都会の人口増加という偶然の賜物ではないか。仮の例にすぎないが、実際にありえることなので、これによって富は社会の産物であることが理解できるだろう。すなわち地所の所有者が眠っている間も起きている間も、とどまることなく地価がしだいに上がっていった結果である。

だから、その富を作らせた社会には、その所有者の死後、富の一部分を譲り受ける権利があるということは、必ずしも正義の定めに背くものではない。しかし、その富には個人の経営や手腕によることもあるから、社会は彼らが生前その富を築くことに干渉せず、あたかも働き蜂が毎日休むことなく蜜を集めるように働かせ、蓄えさせ、働き蜂が死んだ時は、国家はその蜂の巣の中に残された蜜、いや富の大部分を国庫に収めるという政策をとるしかない、云々」と。

じつに感嘆すべき高潔な心ではないだろうか。

## カーネギー氏は聖人か

カーネギー氏の著書に論じられていることによれば、氏が十数億ドルの富を蓄えることができたのは、自分の知恵や労力だけによるものではなく、社会の力も与《あずか》っていると言い、ほとんどその富を自分の専有物とせず、大部分は国家のものであると思っている。その崇高で高潔な心は本当に敬い慕わずにはいられない。

このような人が多くいたならば、その国は必ず輝かしい国になるだろう。もともと金銭至上主義の国民と言われるアメリカにおいて、このような人を見ることができるのは、じつに私が痛快と感じることである。これらの人こそ、本当に満身、国家的な考えの権化《ごんげ》として称賛すべきだろう。

私は普段、東洋の哲理によって物事に対処する癖があるが、孔子の一番弟子である顔淵《がんえん》が孔子の問いに対して「善に伐《ほこ》ること無く、労に施すこと無からん」と答えた言葉や、子《し》貢《こう》が「博く民に施して能《よ》く衆を済《すく》うことあらば如何、仁と謂うべきか」との問いに対し、孔子が「何ぞ仁を事とせん、必ずや聖か、尭舜《ぎょうしゅん》も其れ猶《なお》諸を病めり」と答えられたようなことは、かのカーネギー氏の心中に添《そ》うものであろう。

氏は少年時代から巨億の資産を蓄積するほどに苦心惨憺《さんたん》し、事業で勉強したにもかかわらず、現在になっても少なからず善行を続け、博く民に施《ほどこ》し、衆を済《すく》うという殊勝で高潔な心中は、いわゆる聖人賢者の域に達した人物であると言っても過言ではないだろう。氏は本当に世界的な偉人であると思っている。

# 地方こそ国富の源泉

## 都会の発達と地方の衰微

都会における人口増加は大いに喜ぶべき現象で、じつに都会が繁栄する理由であると説く者がいる。けれども私はこのような説だけを全面的に肯定することはできない。都会の繁栄は一面、すぐに地方が衰微《すいび》する問題ではないだろうか。都会そのものとして見れば、いかにもその繁栄は喜ぶべき現象に違いないが、これを国家のうえから見れば、都会だけがいたずらに増大するのに反して、地方が衰微するようなことであっては、むしろ憂うべきことで、志のある者はいい加減にしておけない問題だろうと思う。だから今、私は地方繁栄策について一言、わずかな志を述べて世の識者に警告を与えたい。

都会について大体のところを観察すれば、現在、日本の各都市のようにしだいに人口が増加しつつある事実は、明らかに都市の繁栄を証明するものであるから、都会自体にとっては大いに喜ぶべき現象であることに変わりない。しかし、それと同時に、その裏側である地方の衰微に留意して見る必要がある。

年ごとに都会で増加しつつある人口は、また年ごとに地方で減少しつつある人口ではないだろうか。事実、地方の人口が減って都会にそれだけ増すというようなことであるとすれば、各地方において減っただけの人口と比例して、その地方における生産力も減っているだろうと想像される。

しかし、これは極端な悲観で、都会の繁栄を楽観しつつある人々の持論のように、都会に増加した人口が地方におけるよりも生産力を増しつつあるものとすれば、国家の大局から観て必ずしも悲観しなくてもよいようである。どうしてかと言うと、統計的に国家全体の上からはいく分か生産力を増しているわけだから、地方が若干衰微する事実はあるとしても、結局、差し引き勘定して問題はないことになるからである。

けれども都会は都会として繁栄したうえに、地方も地方として相応な繁栄をするのが文明国の理想である。だから私は、ある意味において都会繁栄楽観論者にまったく反対はしないが、また大いに地方衰微に悲観する者であるから、都会が発達するにつれて、どうにかして地方も同様に繁栄する策を講じたいと心がけるのである。

## 人口の増減と衰微の関係

しかしながら、ここで一つ疑問とすべきことは、都会の人口が増加したからといって、この事実によってすぐに都会が繁栄し、国家の富が増加したと言うことはできない。なぜならば、地方人がその故郷を出て東京、大阪、名古屋というような都会に移住したとしても、それらの人々の中には適当な職業を得ることができず、職につかずに遊んで暮らす者がないとも限らないからである。ひどい者に至っては飢えに迫られて心にもない悪事を働いたり、落ち着く先のない病人となって養育院の世話になるようなことであるとすれば、都会に人口は増加しても、平均すれば生産力は減ることになるから、単に人口の増加によって繁栄の状態を判断することはできないのである。

もし、これらの事実について十分に調査研究をしたならば、あるいは予想外によい結果が出るかもしれない。たとえば各地方に居残る人々によって補填され、ある程度までその地方の人が余分に働いて埋め合わせをしているかもしれないし、また都会に出た人々の大部分はいずれも適当な職業を得て、田舎にいた時よりもさらに国家のために生産的に働いているかもしれない。このような事実があるとすれば、地方人口の減少は決して憂慮するまでもないことだが、これはよほど精細に調査したあとでなければ何とも言えない。とにかく表面から見た地方はどうも衰微して、都会が繁栄していくように思われる。だから私はこの際、何とか地方の繁栄策を考えることが必要だろうと信じているのである。

## 地方救済策

そうであれば、地方繁栄策としてこの際、どのような手段を取るべきか。だいたい社会が進歩するにつれて地方の人々が都会に集中し、都会中心主義になることは世界各国いくらでも例のあることで、いわば自然の成り行きであるかもしれないが、本当の意味で国家の富貴は、地方事業の発達と都会の繁栄の双方が相伴うことにあるので、単に都会ばかりが繁栄して生産力が増大すればよいという議論は当を得たものとは受け取れない。

だから、この救済策としては、都会における集中的で大規模な事業の発達を図ることはもちろん、同時に地方に適当な小規模な事業の発達を図り、都会と地方が互いに呼応して富の増加に力を注ぐことが最も急務であろうと思う。地方に大規模の事業ができるならば、必ずしも小規模にする必要はないが、地方は地方として別に特色があるので、都会が及ばない特色の発揮に務めたほうが得策だろう。

たとえば水力発電事業のようなことは、どこでも必ずできるとは限らないが、現に広島県においてはわずか二十万円か三十万円の小規模で経営しており、それで相当の利益を見込んでいける。こういった地方の事業は全国至るところに多くあるに違いない。私はいまだにそれらの地方事業について細かく調査したわけではないから、どこでは何を、と一つひとつ指摘することはできないが、それは各地の人々が十分に思いを入れて調査研究し、適当な事業を発見するのがよいだろう。

## 地方人に開放主義を希望する

さて、地方に適当な事業が見つかったとしても、資金が潤沢でないために、何事も思うようには手を付けられないという困難をすぐに感じることになる。地方としてはこの点は無理もないことで、とても都会と同様の金融があるはずもないが、事業そのものにさえ見込みがついて有利であるならば、資金はおのずとそこに寄ってくるものである。だから、都会に比べて多少は困難ではあろうが、必ずしも絶望すべきことではない。

要するに、それも地方人の心がけ一つにあると思う。それはどういうことかというと、都会人と地方人との関係について、地方人がまるで外国人と日本人との間で共同の事業経営を行なうのと同様に見ていることがよくない。

これまで地方に事業を企てた経験によれば、地方の人々は資本を投じて事業経営を企ててくれるのはありがたいが、とかく都会の資本家を危険視したり、我が意を主張しようとしたりして、地方の利益を都会に吸収されては困るとか、こういう条件を付けてくれなくては共同で行なうことができないなどと言うことが多い。何でも地方の人々自身だけに有利にというよりも、むしろ勝手な条件を付けて、都会の資本家に対しては安心して資本を出すことができない、というようなことを主張する傾向がある。

もし都会の人から進んで地方人に投資しようとすれば、ちょうど外国人が進んで資本を投じようという場合に、あるはずもない一種の疑念を日本人が抱きながら迎え入れるように、いかにも毅然として融和しにくい様子がある。都会人が投資しようというのを、地方の人はまるでその地の権利や利益を侵害されるような場合の気構えで見るから、たとえ有利な事業があるとしても、そのために資本が伴わないので、利益を見ながらもいたずらに資本の欠乏にかこつけなければならないのである。

これはじつに地方人の一つの大きな欠点であるばかりでなく、地方にとっては不利益もはなはだしいのである。だから、仮にも地方繁栄策に真面目に考えるのであれば、今後はこのような点に反省して、大いに文明的な開放主義によって中央の資本家と手を結ぶことが、さしあたり最も必要なことだろうと思われる。地方の人は、よくこの点に留意してもらいたい。

## 地方は国家の富の源である

今にしてみれば、各地方に適当な事業が起こらなかったならば、地方において役に立つ人物はますます都会に集中してしまい、都会が膨張するのに反比例して地方は衰微して、ついには国家の元気を損なうようなことになりはしないかと心配である。

もし地方に適切な事業が起こり、その土地がますます繁栄するようになり、都会はまた都会として集中的に大事業が起こっていよいよ繁栄を重ねるようになるならば、国家の前途は誠に楽観すべきものだろう。ところが、これらすべてが反対に進んで、地方がしだいに蝉の抜け殻同様になるにもかかわらず、都会だけが人口増加するのであれば、たぶんその繁栄は本当に意味のある富の増加ではなく、まるで無駄花が咲き競いつつあるのと同じことではないだろうか。

私はアメリカの実業家ジェームス・ヒル氏の演説筆記を読んで、痛切にこの感を深くしたのである。国家にとって地方は、真に元気の根源、富裕の源泉である。だから資本の供給を潤沢《じゅんたく》にし、地方の富源を開拓しようと企てるならば、都会の事業と比べて必ず遜色のないものであろうと信じる。とにかく憂国の士は深くこの事実を探求し、必ずその方法を講じなければならない。

であれば、富源《ふげん》を開拓する方法はどのようにすべきか。これは前にも述べたとおり、地方によっておのおの趣を異にしているから、私がここに一々説明すべきことではない。地方ごとに実地にこの調査研究を行ない、各地に適応するだけの方法を考えればよい。私はただ毎日、地方が衰微するようなことがありはしないかと深く慮《おもんばか》り、ここで概括して地方繁栄策に対する意見を述べたに過ぎない。

# 元気振興の急務

## 世の中から元気が消え失せた

このところ社会一般に元気が衰えてしまい、いろいろと発展すべき事柄が著しく停滞してきたようである。これは要するに社会の秩序が整うにつれて、人々が何ごとにも慎重な態度をとるようになってきたから、その弊害としてこのような現象が生ずることになったのだろう。私が非常に腑《ふ》に落ちないのは、もともと意気盛んな壮年の人が、ともすれば古い習慣を改めずにその場をしのぐようになり、ただ仕事で過ちを犯さないことばかりを考え、毎日が無事に過ごせればそれでよいという傾向があることである。

これは、国家社会にとって最も嘆かわしいことではないだろうか。もちろん時には沈着さも必要であり、慎重な態度もとらなければならない。日常の多くの場面において軽重浮《けいちょうふ》薄《はく》な態度や突飛で奇抜な行動は避けなければならないが、現在、我が国の状況ではまだそれほど沈着さや慎重さを尊ぶような時代ではない。我が国の有様はこれまでやってきた仕事を大切に守って、間違いなくやっていくというよりも、さらに大いに計画し、発展して、盛んに世界の列強と競い合わなければならないのである。

今や列国の情勢に照らしてみると、彼らが日進月歩の様子であるにもかかわらず、我が国は遅れて開国しただけに、すべての物事が一歩遅れている。遅れている我が国が先進国に劣らないだけの競争をするには、彼らに倍の元気、十倍の奮闘がなければならないはずである。にもかかわらず、一般人の元気は日に日に衰え、二、三十年前に比べて人心が非常に消極的になっているのは、国が繁栄する気運を高めるうえで悲しい有様である。

この時にあたって実業家はもちろん、一般国民も旺盛な元気を出すように努力し、国家発展の気運を高めるように尽くさなければならないが、最近の傾向はかえってこれに反して、ともすれば政府万能主義を叫び、何ごとも政府に依頼しようとするようなところがある。また政府にも、各種の事業を官営にしようとする傾向があるのはどういう理由だろうか。政府が好んで行なおうとするのか、そもそも一般の趨勢がそれを余儀なくさせているのか、とにかく政府万能という調子が各方面に現れていることは間違いのない事実だろう。

これに加えて政府は、日ごと月ごとに煩わしく多くの法律や命令を発布し、一に法律、二に命令と、どんなことでも世の中を非常に窮屈なものにしている。したがって、これを行なう役人も、ひたすら法律の規定、法規が命じることに背かなければ問題ないとし、さらに自分の常識による本能によって事にあたるというような活動力が乏しい。

そんなふうに何でもやっていくのだから、個人の元気はしだいに薄らぎ、困難なことは避けて、政府も官吏も法律の規定にこだわり、自己責任によってあらゆることを断行することはほとんどないようになり、ついに世の中を挙げて元気が地を払って去ってしまうことになる。もし、そのような傾向が今後もさらに続くとしたら、どうして事業を発展させ、国家発展の気運を高めていけばよいのか。本当に憂慮すべきことは、国民の元気がすり減ってしまうことである。

## 元気が旺盛だった維新前後

今から四、五十年前、すなわち維新前後における人々の活動と現在とを比べると、元気の度合に天と地ほどの差がある。維新当時の人々が元気旺盛だったことは本当に目が覚めるばかりで、薩摩と長州の両藩が連合して維新の大業を成し遂げた元老諸氏は、今の人が夢想だにしないほどの勇気を持っていた。

もとは三百年に近い長い歴史がある徳川幕府を一朝にして、つまりいきなり翌朝に倒そうとした意気は、壮烈というよりむしろ無謀に近いものだった。しかし彼らは猛然と立ち上がり、敢然として維新を決行した。とうてい今の人々が真似のできない行動だった。現在、日本帝国が世界の列強と肩を並べて決して負けないほど発達したのは、たしかにその元気があったからこそ成しえた偉業だったろう。

たとえば私のような者もそうなのだが、現在でこそ第一銀行に自由に勤務していて、他の人たちに比べれば精勤とは言えないが、昔からそうだったのではない。もちろん、維新の革命に全力を尽くした先輩たちの辛苦などにはとても及ぶものではないが、自分が初めて第一銀行を創立した頃は、みずから小遣いも行ない、書記にもなり、また頭取の役目も務めるというふうに、自分の身一つですべての事に当たったものだった。だから時には二晩や三晩徹夜するほど忙しいこともあったが、それでも自分はさほど疲れたとも思わなかった。

とくにその当時、自分にとって最も前途有望と言われていた官吏の道を辞めて、海のものとも山のものともわからない実業界に入ったのは、ある意味からすれば物好きとしか思えないような非常に無謀なことだった。こんにちでこそ銀行といえば誰でもよく理解しているが、その頃の社会ではまだ銀行とは何なのか、その性質さえも判然としないほどだったから、私が第一銀行の設立を計画して三井、小野の二つの組織を説得して二百五十万円の資本を集めた苦心は容易なことではなく、ほとんど筆舌《ひつぜつ》に尽くしがたいものだった。

当時、私がそれらの苦労を忍んで、万難を排してこの計画を実行したのは、第一に国家の産業発展を思ったからだったが、むしろ大胆という言葉のほうがわかりやすい。その中にはずいぶん突飛なことや、危険このうえないこともたくさんあった。それにもかかわらずこれをやり遂げたのは、たった一つの精神によるものだったと自ら信じて疑わない。

要するに維新以来の事業は誰に限らず、何ごとによらず、みな非常に旺盛な元気によって計画されたもので、もちろん失敗したものも多くあったに違いないが、成功したことの一因はやはり元気と精力だったと思われる。当時、一般社会の人々の頭の中には「我が国は欧米諸国に比べて大いに遅れている。一日も早く彼らに追いつかなければならない。いかなる困難を排しても彼らと対等の地位に進まなければならない」ということが深く刻まれていた。したがって、その行動には溢れるほどの活気がみなぎり、その計画は進取の気性に富んでいたが、思ったとおり、その進取の気性が現在の発達を助けたのである。

## 無気力な青年を戒める

私はこんにちの壮年や青年に、このような元気を持ってもらいたいと切に希望している。

早熟や早老は決して青年が学ぶようなことではない。維新当時の先輩の気性を継承して、国家発展の気運を高めるよう務めてもらいたいと願うのである。

このように言う私はすでに老人である。普通ならば猛進する青年に対して「もう少し冷静になれ」と説かなければならない立場にいる者である。青年の側から見ても、老人が懸念するほど元気でなければいけないはずなのに、今の青年はかえって私たち老人から「もっと元気を出せ」と反対に警告を与えなければならないようになっている。このように老人から見ても満足できないほど、現代の青年が無気力なのだから、私は反対に老人の側から見た青年が、むしろ危険と思われるくらいに活動的であることを希望してやまない。

もっとも、危険と思われるほどと言っても、私はあえて乱暴な行為や投機的な事業をやれと勧めているのではない。堅実な事業についてどこまでも大胆に、剛健にやれと言うのである。このような点では、とかく保守的に流れやすい老人でさえ、あまりに進取的で剛健なやり方で、危険を感じさせるくらいまでやっていいと勧めているのである。たとえば一度見込みのある事業であると認めてそれに着手したら、何回失敗しても屈せず、弱ることなく、その目的を達するまではやまない決心を持ってやり通すようにしたいものである。

前にも述べた通り、現代はただこれまでの事業を真面目に継承していけばよいという場合ではない。言い換えれば日本の現状は創業の精神を受け継いで基礎を固める時代ではなく、いまだに創設の時代である。すなわち万難を排して辛苦《しんく》に耐え、いろいろな事業を創設し発展させなければならない時でもある。

それにもかかわらず、人心は日ごとに気力が衰え、国家繁栄の元になる青年の元気が日に日に衰退していく。この間にたまたま危険と思われるようなことがあるとすれば、それらの多くは悪事を行なうことで、道徳上や法律上から罪人になるにすぎないことである。私が危険と思われるような活動というのは、すなわち青年本来の元気のある活動のことだが、残念なことにこれが乏しいのである。現在の情勢に顧みて、果たしてそのようなことが青年の本領なのだろうか。

## 憂国の士は猛省せよ

現在と維新当時とを比較すれば、社会のあらゆる物事は著しい進歩を遂げ、学問は大いに発達している。この状況で旺盛な気力をもって事に当たろうとすれば、昔の人よりもはるかに優れたことが行なえるはずである。このように周囲が進歩発展しているにもかかわらず、それを運用する人の気力はかえって退歩し、今の人はただ昔の人の足跡を踏襲することに専心するばかりで、進んで昔の人を超えようと新たな開拓をしようとする者はほとんどいなくなってしまった。

ただし、この現象は多少教育が普及したことにもよるだろうと思う。というのは、現在の教育方法は誰でも同じように教育し成長させようという機械的なやり方だから、その中から極端に劣った者が出ない代わりに、非常に卓越した者も出ないのである。同じような能力の人間を作りたいという方針の結果として、多少人物が小さくなったという傾向があるだろう。

この議論は私がしばしば繰り返したものだが、何しろそういう教育の結果、昔は大勢の愚かな者の中に一人優れた者がいれば、その人は抜群の存在だったが、現在ではかえって大勢がその一人に接近してきて、各人が一様に同じ程度の能力を持つようになったから、一人の偉さがさほど目立たなくなったという点もある。

しかし、全般から観察しても、元気が薄らいだことは争えない事実である。もし、このような現象が今後も長く続くとすれば、それは一大事であり、国家発展の気運はここで停止すると思わなければならない。だから私は、今後の社会を組織していく青年に向かって奮起を求めるとともに、彼らの先輩である壮年の者にもみずから大いに気力を奮い起こし、青年の気力を鼓舞《こぶ》するよう努力してもらうことが急務であると思う。私は切に、世の中で同じ気持ちを持つ者が勇往邁進《ゆうおうまいしん》するよう促したい。

# 貯蓄と貯蓄機関

## 文明と貯蓄の関係

社会が発展し、知識が進歩すればするほど、私たちは将来のことを考えるようになる。私が説こうとする貯蓄は、現在の楽しみを犠牲にして将来大いに楽しもうとするものである。だから文明と貯蓄の関係は連鎖のようなもので、文明国の国民ほど貯蓄に対する考えが進んでいるものだが、これに反して文明が進んでいない国の人々は、現在のことを思うばかりで、将来のために備えることには考えが及ばないものである。

貯蓄に対する日本人の有様を見ると、残念ながら未開の国の国民と言わなければならない。一般的には日本人の貯蓄の考えは非常に幼稚なもので、とくに江戸っ子などは貯蓄心のない人種であったことは疑いのない事実である。彼らの間では「宵越《よいご》しの金は持たない」という風習があった。手にした金はその日のうちに使い果たし、後日のために備えるというような考えは極めて薄かったのである。

市場の若者や侠気を売り物にする世界にこの風習があったばかりか、相当に社会的な地位の高い者の間にも「武士は食わねど高楊枝《たかようじ》」といった習わしがあって、貯蓄などしなくても、「なに、そのうちに何とかなるだろう」「また良い風の吹き回しもあるだろう」と言って、当てにならないことを当てにして、将来のために準備しようという考えが非常に少なかったのだ。もっとも、この風習も近年だいぶ改まってはきたが、長年の習慣は世の中の根底から抜けきらず、地を払うような勢いにはなっていない。これが、我が国の国民が現在でも貯蓄心が薄い第一の理由だろう。

第二の理由として、私は我が国の家族制度を論じたい。もともと家族制度は、ある面では他に誇るべき美しい部分があるが、別の面では弊害も伴っているのである。それは人の依頼心を助長させる点である。「貯蓄しなくても親父はどうにかしてくれるだろう」とか「親戚だと思ってはいないだろう」と言って、父親ばかりか親戚にまで何でも頼むようなこともある。すると頼まれた親戚の人間にも、誰かが何とかしてくれるだろうという依頼心があって、互いに依頼し合って結局、貯蓄心は非常に乏しくなるのである。

我が国民に貯蓄心が乏しい理由として、私は以上の二つを挙げる。しかし、文明がしだいに進んで各人が将来のことを思うようになり、これまでは今日のことばかり考えていた者が、明日を考え今月を考え、さらに今年だけでなく来年、再来年、いや数十年後を考えるようになり、自分のことはすべて自分の力に頼らなければならないので、他人に頼るには及ばないと思うようになれば、貯蓄心は期せずして発達するに違いない。

最近ではしきりに貯蓄の必要性を説く者もおり、世の人々もこれを認めて貯蓄も毎年、多少なりと増えている状況を見れば、日本人一般に文明の恩恵が行き届いてきたと言ってもよいだろう。これを外国と比較すれば、まだはるかに劣っているが、希望の光が輝き始めたことは事実である。

## 貯蓄の奨励と貯蓄機関

貯蓄を奨励するというのは非常に困難なことである。各人が働いて得た金がそれぞれの生活に必要な金額を上回った時、その余剰金額を貯蓄させることは難しい。日常生活の中での、飲みたい、食べたい、着たいといった出費以上に無駄遣いしないようにすることさえ容易ではないのである。それぞれの自由を束縛して圧制するようなこともできないので、人の心を自然にその方向に向けさせる以外に方法はないだろう。

それには貯蓄機関を多く設けて設備を充実させ、人の心をその方向に向けさせるように備えることが何よりも急務である。もともと人間の弱点として、たとえその人に貯蓄は必要だという考えがあったとしても、自分で手元に蓄えておくことはほとんど不可能である。よほど強固な決心で取り組んだとしても、十人中九人は手元に金があれば無駄遣いしてしまうものである。もし使わないように堪《こら》えて貯蓄したところで、手元に置くだけでは利殖の方法にならないから興味も持てない。

やはり銀行とか郵便貯金などの貯蓄機関に預け入れ、安全に保管してもらうとともに利殖を行ない、必要に応じて引き出して活用できるようにしなくてはだめである。だから、貯蓄奨励の先決問題としては、貯蓄できる機関を完全に整備して、安全なものにし、しかも貯蓄者に対する設備も十分に整えることが大切である。

貯蓄機関を強固なものにし設備を整えることは、人々に財産を保管できる安心感と便利さを与え、財産を託することによる利殖法であると信じてもらうこともできるので、いきおい貯蓄の考えを起こさせる一つの動機になるのである。

## 貯蓄機関の不整備

現在の貯蓄機関としては政府経営の郵便貯金があるが、これは政府の事業なので別として、この他に貯蓄銀行と普通銀行が機能している。とりわけ貯蓄銀行は純粋に貯蓄の目的に添うようにできたもので、零細な資金を集めて貯蓄の方法を提供している。普通銀行では「小口当座預金」というものがあり、やはり貯蓄の機能をもっている。

ところが銀行というものは、もともと利益を得ることを目的としているので、多くの利益を収めようとするには、どうしても多くの貯蓄預金を吸収して利殖しなければならない。だから取り扱いの便利さを第一に考え、手数を簡易にして預金を増やすことには務めるが、それに伴い弊害も生じる。弊害というのは、銀行内を堅固に安全にして、万一の場合にも決して貯蓄者に迷惑をかけないという覚悟が乏しいことである。もちろん多くの銀行では内部の安全を第一として信用を重んじるべきだが、要するにその整備が整っていないものが多い。

世間でしばしば破綻されたと伝えられる貯蓄銀行のようなものは、みなその外見を確実らしく見せて預金を集めることに務めていたのだが、ふたを開けて見ると外見とは大いに印象が異なるようなやり方のものもある。これでは、どんなに貯蓄心が発達した国民でも、安心して貯蓄をすることができないではないか。元来、貯蓄のような大切なものを取り扱う機関として、一面では営利を目的として行なうことが、そもそも心得違いではないだろうか。このような性質の事業については、一銀行の利益を重んじるよりも、一般人の平穏な生活が確保されなければならないと思う。

## 政府の手加減を望む

政府は貯蓄銀行の創設当時から営利の経営によって取り扱わせることにしたので、今さら根本的にその性質を変えることもできないだろうが、少なくとも現状よりさらに確実で安全なものにして、なるべく貯蓄者に安心を与えるようにしなければならない。その方法としてはいろいろあるだろうが、まず貯蓄銀行に多少は自由な活動をさせないようにし、その行動を制裁して基礎が強固で堅実になるような方法を取らせることが目下の急務だろうと考える。

幸いなことに政府もここを見ている様子があり、貯蓄銀行法の改正を行なおうとしているが、普通銀行にも貯蓄銀行があるから、もしこれを差し置いて貯蓄銀行だけ自由を奪うようなことがあれば、それは業務に当たる者も服従しないだろうし、公平な方法とも言えないだろう。だからといって、普通銀行の貯蓄を他の預金とまったく別にすることはなおさらできず、いよいよ改正案を断行しようとしても、それは容易なことではないだろう。

断行することができないから、貯蓄者に安心を与えることもできなくなり、ついにせっかくの貯蓄心の発達をも阻害するようなことになるのである。

旧来の体面を改めて、やや貯蓄の発達を促しかけてきたにもかかわらず、いまだに大きな進歩が見られないのは、主としてこれらの原因があるからのことだと思う。私が先年渡米したとき、フィラデルフィアで州の経営にかかわる大きな貯蓄取扱所を見たが、設備の完全さ、内容の強固さはすばらしいものだった。フランスにも政府の力で義務的に行なっている貯蓄銀行があるように記憶している。

今すぐに我が貯蓄銀行をアメリカやフランスのようにすることはできない相談だろうが、せめて取り締まりをもう少し厳重にして、基礎を安全で強固なものにして信用を高め、貯蓄者が安心して自分の財産を任せることができるようにしたい。これは貯蓄者の利益ばかりではなく、明らかに貯蓄奨励の一方法であるに違いないと信じている。

## 郵便貯金の一利一害

国民が安心して貯蓄できる機関がないとすれば、国立の郵便貯金に預けたらよいだろうという議論が出てくる。なるほど郵便貯金ならば堅実であるうえに、利子が低いながらも利殖ができるから極めてもっともな考えだが、しかしそうなると、郵便貯金万能になり、かえって経済上の不均衡が起こる恐れがある。

それはどんな理由であるかというと、もともと我が国の経済と財政とは調和を保っていない。経済はいつでも財政のために圧迫を受けているのに、もしそのうえ郵便貯金が万能となるならば、この弊害を増長させてしまうことになるだろう。たとえば国力と財政とを比較すると、ヨーロッパ諸国の財政は、その国力の一部分にすぎない。

ところが我が国においては、むしろ国力の大部分を財政に投じるような傾向があって、そこに若干の余剰が生じたとしても、それによって国力の進展を期するには足りない有様である。このように財政が常に経済界を圧迫しているから、財政が少し緊縮すると、すぐに世間は不景気となり、財政が膨張するとたちまち景気がついてくる。だから我が国における景気の盛衰は経済界自体の力によるよりも、かえって財政に左右される傾向がある。

仮に政府側に立って考えてみても、郵便貯金を利用して公債を買い入れるとか、鉄道建設の資金に転用するなどすれば大いに便利ではあるだろうが、私はかえってこの方法が現在の財政と経済との調和を失わせ、経済上から見て好ましくないことだと思う。したがって私は、一切の貯蓄を郵便貯金に預けることが得策ではないと考えている。私は痛切に希望するが、民間の資金はどこまでも民業のために注入したいのである。

## 私の希望

前述のように、郵便貯金にすべて任せるのはまったく得策ではないとすれば、私たちは民間に完全無欠の貯蓄機関を設け、大いに国民の貯蓄を奨励するとともに、一面からは零細な民間の資金を集めて、これを有利な民間事業に投じるような策を講じなくてはならない。政府が貯蓄銀行条例の改正を行なおうとするのも、要するに郵便貯金が万能であればそれで十分だとするものではないからだろう。

私は実際に貯蓄銀行の経営を行なっている者だが、遠慮なく私の意見を述べれば、いまだにこの業界の内部には大いに改めるべきことがいくらでもある。適宜な方法によってそれらの改善を断行し、国民が安心して貯蓄できる機関を作ることは、必ずしも私一人だけの希望ではないだろう。

# 独立自営論

## 福沢先生への反論

独立自営という言葉には二通りの意味があるだろう。その一つは社会を相手にして考えた場合で、もう一つは自分だけを主として考えた場合である。どんな場合でも依頼心を持つことはよくない。もちろん、何ごとにも独立精神、自営自治の心を持たなくてはならない。けれども最初の場合の社会国家というものを向こうに置いて、極端な独立自営の心を持つというのはどういうものだろうか。

このような場合から推し進めると、福沢諭吉先生が唱えられた独立自尊というのは、あるいは、あまりに主観的なものではないかと思う。私は以前「人生論」の中でも述べたように、人はこの世に処するにあたって、その心を客観的に持たなくてはならず、主観だけでこの世を見れば、その人一人のためにはなるかもしれないが、ついに国家社会というものをどうすることもできなくなると思う。

ただし老若男女の区別なく、すべての人が君子や賢人ばかりであれば、この主観主義の弊害もないだろう。が、もし世の人々が聖人賢者ではなく、自分以外は顧みる必要がないという結論に達するならば、いわゆる奪わずんば飽かずという状態になってしまうだろう。人の心がそうなってしまえば、その極端な結果は、恩人を忘れ、知人も捨て、愛する者をも遠ざけて平気でいられるようになり、ついには反抗、侮辱、罵り、嫉妬というような、あらゆる醜い行為を非難されるようなことになるに違いない。

だから私は、人生に処する方法は単に「自我」とか「己」ばかりでは立ち行かず、すべてのことを客観的に見ることが安全だと思うのである。すなわち自分はできる限り知恵や能力を磨いて、世の中に立って人の世話にならないことはもちろん、国家社会のために尽くすことを主としなければならないと思う。

孔子は「身体髪膚《しんたいはっぷ》これを父母に受く、敢《あえ》て毀傷《きしょう》せざるは孝の始なり。身を立て道を行ひ、名を後世に揚げ、以て父母を顕わすは孝の終なり」と教えているが、これも細かく考えてみれば、名を後世に上げることは自分だけのためになるばかりか、必ず国家社会のためにもなるので、やはり客観的な人生観を意味したものと言ってよいだろう。

## 客観的独立自営のすすめ

私は客観的な人生観を持っている。だから、独立自営ということも主観的には見たくない。すなわち社会に対して自分を見る場合には、どこまでも社会と自分との調和を考えなくてはならない。国家社会はどうなろうとも自分にさえ利益があればよいとか、自分に有利な方法のためには他人にどんな損害を与えようとも構わないというような考えには、私は絶対に賛成できない。

しかし自己の精神、あるいは社会からまったく離れた立場での自己にとっては、あくまでも独立自営の心を養わなくてはならない。西洋の哲人の言葉に、「人は自己の額の汗に依りて生活するものなり」「天は自ら助くるものを助く」などとあるのは、極めて短い句ではあるが、個人の心のありようを言い尽くしたものだと思う。

人がみな真面目に働いて各自の生活を立てていくならば、その人一人が幸福になるだけでなく、社会も非常に平和で幸福になっていくだろう。自ら努力に励む者に対しては、天も必ず幸福を与えるという意味を説いたもので、たとえ天が幸福を与えなくとも、このような種類の人は自ら幸福を招くものである。だから人は独立精神を持ち、依頼心を一切捨て去って、自営していく決意を持つことが、自分一人にとっては不可欠の要件である。

この心がけがちょっと誤解されやすい。独立自営の意味を「他人の世話にならずに、自分のことは一切自分一人でやっていく」ということだけの意味に解釈すれば難しくはないが、ともすると曲解《きょっかい》して「我あるのみ」とか「天上天下唯我独尊《ゆいがどくそん》」などというふうに考えて本来の道から外れてしまう。どうも日本人にはこういう考え方がありがちであるように思われる。西洋の学説にも数百年前はそういう個人思想があったとのことで、とくにイギリスのような個人主義が強く流行した。以後しだいにその学説が日本にも伝来したらしい。

このようなことは、たとえ先進国である西洋の学説であっても倣いたいものではない。

東洋人である我々は、やはり孔子の「己立たんと欲して人を立て、己達せんと欲して人を達す」という考えに従うほうが穏当だと思われる。まして西洋の学説も、現在では孔子の教えに似た傾向を持っていると言われれば、なおさら道理はここにあることがわかるではないか。

## 自己本位の考えを排す

独立自営に関する説は、現在では西洋においてさえ、もはや「我あるのみ」という解釈ではなくなっている。すなわち人は弱い心を出してはいけない。あくまでも他人の世話にならずに独立独行せよという意味で、社会には自分一人だけがよければよいという主義とは大きく異なっている。言い換えれば、一人の人間が身を修めるうえで大いに心がけなければならない教えだが、社会に立つうえで考えるべきことである。さらに言い換えれば、自分本位の考えを排した独立自営の精神、それが誰にも歓迎される行ないなのである。

ところが、ともすれば自己本位とか個人主義の考えを通したほうが国家社会は急速な進歩を遂げることができると論じる者もいる。どういう意味かというと、個人主義なら個人同士の競争が起こり、競争には進歩が伴うから世の中が発展するというものである。自己本位もやはり同じようなことなのだが、これは一方の長所ばかりを見て短所を忘れた議論だから、私はそういう説に与《くみ》することができない。社会というものがあり、国家というものが成立していればこそ、富貴や出世も望むことができるが、もし自己本位の考えだけでいくならば、社会の秩序や国家の平穏な状態は乱されて、人同士が互いに打ち合い、戦い合わなければならない。だから社会に交わり、国家に尽くすうえでは、ぜひ自己本位の考えを排した独立自営の精神を尊重したい。

## 独立自営とは

独立自営の意義についてよくよく考えてみると、何ごとも自分のことは自分一人で考えて処理していくのが独立で、自己が定めた方針に従って生活を続けていくのが自営であると思う。ところが、これを現在の家族制度から論じれば、この考えを家庭などに当てはめることはできないように思われる。どうしてかと言えば、その家族の中で子供たちが各自、独立自営の考えによって親の世話にならずに自分のことは自分でやれということになれば、一家の中で家長の命令がきかなくなる。家長の命令がなくなる時は、すなわち家族制度が崩壊する時ではないか。

この意味から推し測れば、日本の風習としては、その子供が学校を出る頃までは、家長がすべて指図するのが当然だと思う。その指図といっても、学問の才能、資力、境遇などによって異なるだろうが、現代の状況では学校を出たあとに初めて世に立つ考えを起こすのが普通である。それまでは、家長の指図を受けないわけにはいかないだろう。日本人の独立自営は、それからあとのことでよい。

西洋でも、子供の時代はやはり日本と同様だろうが、日本人は妻子を持つようになってからも、親と同居する風習があるが、悪くすると世に立つべき段階になっても、まだ依頼心が抜けきらないようなこともある。それは西洋人とまったく反対の現象である。だから日本人は、とくに一人前として世に処す時期になったら、親や近親者の保護があるなしにかかわらず、独立自営の考えを持つことに心がけることが大事である。

もともと東洋の習慣として、王者が国を治めるように、家長がその一族を治めている。ここは自治独立的精神の旺盛な西洋人に比べて大いに違う点で、長い間のしきたりによって、ついに東洋人は依頼心の強い考え方を持つようになったと思う。

福沢諭吉先生が独立自尊の説を唱えて以来、独立心とか自営心とかいうものを日本人が口にすることが多くなったが、洞察力のある福沢先生が早くからこの思想を日本に輸入して、旧来の悪習を矯正しようとしたのは、確かにその時代における最もよい方法であったに違いない。

しかし、福沢先生の説にはまだ飽き足りないものがあった。先生の説は西洋の自由思想、個人主義を日本に伝えたものであり、東洋の旧来の悪い習慣を革新するためには効果があったには違いないが、その余弊《よへい》がないとも言えない。ただし、こんにち広まっている独立自営の考えは当時のものよりも大きく進歩しているので、前述したような誤った道を進むことなく、その欠陥は明らかに改められると思う。

## これまでの独立自営に対する見解

独立自営の精神が自分一人にとって必要であることは、前述したことによって十分に理解できたと思う。もし国民が聖人賢者である君主の統治に依頼するばかりで、自ら努力し励むことを忘れ、子弟が家長や上長の教育や指導に任せきりで自己の本分を尽くすことをおろそかにするならば、おのずと各自が知恵を磨く必要もなくなり、その働きも衰えるようになる。それでは人としての本分に背くことになる。

だから子弟はある年齢や時期に達するまでは親の補助を受けても、それから先はどこまでも自己を立てていく心がけ、すなわち独立自営の精神を持たなければならない。他人の力にすがるようなことは、ひどく自己を失うことであるから、人はどうしても他人の厄介にならないだけの気持ちを持たなければならない。

論語を通して読むと、東洋の習慣に独立自営というような考えが薄かったためか、それに対する的確な教訓はほとんどないが、人に依頼して助けを得るのはよくないという意味のことは述べられている。「君子は言に訥にして行に敏ならんことを欲す」などとあり、自分が何かの事を行なうには、あくまで勉強しなければならないという意味の教えは、ほかにもたくさん例がある。けれども、主として「独立自営」という意味のことを説いたものは一つもない。大学なども治める側の者のことばかりを丁寧に述べており、統治される側の者のことについて言っていないのは、やはり東洋人は依頼心によってきたことがうかがい知れる資料と言ってもよいだろう。

しかし旧来の教訓の中にそのことがあるにしても、ないにしても、現代から見れば、自分一人の独立自営は大いに必要である。自分の弱い心を取り除き、他人に依頼しようとする心を矯正《きょうせい》するには、最も都合のよい教えだろう。二十世紀の東洋人は、この新しい意義のある教えを道徳心に加えて、行ないを完全にしていくような決意をもってもらいたい。

# 第二章　労働、社会、雇用

# 労働問題への対処

## 貧富格差と救済

日本の商工業といっても、維新以前までは、まだまだ幼稚なものだった。その頃の商業といえば小売商で、工業といえば手内職にすぎないほどのもので、一国の経済機関はきわめて単純だったから、富の程度も比較的平均を保って著しい貧富もなかった代わりに、財産によって世の中に大きな影響を与えるほどの富豪もまた出現しなかった。

ところが維新以降、世の中の気運が向上進歩するに伴い、国家の経済組織もおのずと複雑化し、商業であれ工業であれ、大資本を投じて雄大な計画を行なう時代に推移してきた。したがって過去に平均を保っていた富の分配もそれにつれて揺らぎを生じ、一方で巨万の富を築く富豪が出ると、また一方ではそれと反対に、自分の身体以外には何も待たない貧民が生まれることにもなった。これは要するに生存競争の結果であって、世の中が進めば進むほど貧富の懸《か》け隔《へだ》てに格差が生ずることは、たぶん免れることができないだろう。しかし貧富の格差を生ずるだけならまだしも、その結果は貧民と富豪、すなわち労働者と資本家との間柄がおのずと円滑でなくなり、反目、衝突が極まれば、ついに社会の秩序を乱し国家の安寧《あんねい》を害するようなことに立ち至るのは、往々にして欧米の先進国で見られる実例である。これは本当に貧富の懸け隔てに伴う悪い結果だが、欧米の学者や政治家は早くからこの救済について頭を痛め、何とかして両者の間を調和し、その関係を円満にしたいというのは、彼らが常に忘れることができない研究テーマである。

幸いなことに、我が国は欧米諸国の文明を輸入した年月が短いことと、一般の風習にも差がないことによって、まだ欧米のような労働問題が切迫していないので、こんにちのように放っておいても問題はないように思われるが、欧米の前例に倣《なら》えばいずれ近い将来、そういう時代がやってくるに違いないと観測できるのである。そうであれば、現在の我が国のように、まだ労働者と資本家が険悪な関係になっていないうちに、労働問題を未然に防ぐだけの用心をすることが大切である。先ごろ、我が国の学者の間で「社会政策学会」などというものが設立されて、これらの問題に関する研究を試みようとされている。誠に機会を得たものというべきで、私もまた大いにその趣旨に賛同している。

## 誤解されやすい社会問題

このような社会問題などは、その性質上、得てして行き違いが生じやすいもので、彼らを扇動する気はなくても、ともすれば彼らはその趣旨を誤解し、また曲解して、ついには思いがけない問題を引き起こすようなことがないとも言えない。

試しにその一例を挙げれば、日露戦争の講和の際に突然起こった日比谷事件[※①]のようなことは、必ずしも社会主義者や労働者の暴動というものではなかったが、講和条件に満足せずに憤激した少数の識者のある行動が動機となって、皇居のある都にあるまじき体裁の悪い有様を演出するようになってしまった。

冷静に考えればこの事件に関係した人々も、最初からそのような無法な行動に出ようという下心があったわけではない。無法な行動に出ても何の得もないことは承知していたであろうに、人気《じんき》すなわち集団心理の発作的行動というのは不可思議な力を持っており、一度爆発すると、それがどこまで突っ走るかわからない。ついにあんな騒動を引き起こすに至ったのは、本当に残念なことである。

とかく人の気は勢いに乗りやすいもので、大人数が群れて集まれば、そこにおのずと過激な挙動が生じてくるものである。そうなれば誰ということなく、ただざわざわと騒ぎ立つ一団の気勢に乗せられて、自分自身と思慮分別を失い、行動の規範を外して心にもない結果に立ち至るようになる。このようなことは、相当の教養と見識のある人々でさえ逃れられない勢いであり、まして感情がほとばしる教養のない労働者のような人々は、勢いに乗せられて自分を見失うような行動に出てしまうのは、むしろ無理もないことだろうと思う。だから、彼らをテーマとする社会問題、労働問題を論議する学者や政治家は、このような点に深く注意して慎重な態度で対応されることを切望する。

【註】※① 日比谷事件◆一九〇五年九月五日に起きた日比谷焼打事件。日露戦争終結後、直接的な賠償金

が得られなかった不満によって政府に対する世論の非難が高まり、暴徒化した民衆が内務大臣官邸や国民新聞社、交番などを焼き討ちしたため戒厳令が敷かれた。

## 工場法制定の結果は

この頃、政府当局者も社会問題、労働問題などについて多いに自覚するところがあったと見えて、労働者保護の名のもとに「工場法」を制定することになった。そもそも工場法制定の必要性を唱えたのは、日本で初めて紡績業が起こった当時のことであった。その頃の社会一般の状況に照らして、私はその当時、それに対して尚早説を唱えたのだったが、こんにちになってみれば、私はもはやその制定に反対していない。

ただ恐れているのは、労働者保護という美しい名のもとに、かえって後日、多くの禍根を残すことになりはしないかという懸念である。たとえば、従来は比較的円満だった労働者と資本家との関係を、工場法の制定によって乖離《かいり》させてしまうようなことはないだろうか。また年齢に制限を加えるとか、労働時間に一定の規定を設けるというようなことは、かえって労働者の心に背くものではないのか。

どうしてかと言えば、彼らは子供にも働かせ、自分もできるだけ長時間働いて、たくさんの賃金を得たいと思うのだが、もし子供は工場では使わないとか、労働時間にも一定の制限を設けることになれば、彼らの目的はまったく外れてしまうことになるからである。

また同じ工場法の中に衛生設備について非常に難しく記してあるようだが、これも一見立派なように見えるが、実際は内容が伴わないものではないだろうか。

なぜならば、衛生設備をやかましく言うのは、すなわち職工たちの衛生を重んじるからのことであるには違いないとしても、そのために資本家は少なくない経費をとくに支出して、その設備を完全にしなければならない。経費がかさめば、その結果、職工の賃金を引き下げるようにしなければ収支が相償わない。それでは、せっかく労働者保護を名目にしても、実質はそれに伴わないものになってしまうではないか。

一方、労働者の家での生活状態をみると、十人が十人まで衛生設備の完全な家屋に住むことはできない。彼らにとっては、少しくらい衛生設備に欠ける点があっても、なるべく労働賃金が多いことを希望しているのに、いたずらに衛生設備ばかり際立つほど行き届いていても、命である賃金がかえって減却されては、むしろそれを、より大きな苦痛と思うことだろう。このようなわけで、労働者保護という美しい名のもとに制定された工場法も、その実際において、かえって労働者を泣かせる結果をきたさなければよいのだが、と非常に恐れているのである。

## 唯一の王道あるのみ

社会問題とか労働問題のようなものは、単に法律の力だけで解決されるものではない。たとえば、一つの家族の中でも父子兄弟親族に至るまで、おのおの権利義務を主張して何でも法の裁きを仰ごうとすれば、人情はおのずと険悪になり、それぞれの間に壁が生じて、ことごとに角つき合わせるようなことばかりで、一家の和やかな団欒はほとんど望めないことになるだろう。

私は富豪と貧民の関係も、またそれに等しいものがあるだろうと思う。資本家と労働者との間柄は、もともと家族的な関係によって成立してきたものだったが、急に法を制定して、これだけで取り締まるようにしたのは一応もっともな思い立ちではあろうけれども、これを実施した結果、果たして当局者の理想どおりにいくだろうか。せっかく長年の関係によって資本家と労働者の間で結ばれた、言うに言われぬ一種の情愛も、法を設けて両者が権利義務を明らかに主張するようになれば、勢い互いに遠ざけ合うようになるのではないか。それでは為政者側が骨折った甲斐もなく、また目的にも反することだろうから、ここは一番深く研究しなければならない点だろうと思う。

試みに私の希望を述べれば、法の制定はよいが、法が制定されているからと言って、どんなことでもその裁断を仰ぐということはなるべくしないようにしたい。もし富豪も貧民も王道によって立ち、王道はすなわち人間行為の物差しであるという考えで世の中を生きるならば、百条の法文や千条の規則があるよりも、はるかに勝るものであると思う。言い換えれば、資本家は王道によって労働者に対し、労働者もまた王道によって資本家に対し、その関係しつつある事業の利害や得失はすなわち両者に共通であることを悟り、互いに同情をもって終始する心がけがあってこそ、初めて真の調和が得られるのである。

両者がこのような関係になってしまえば、権利義務の考えなどはいたずらに両者の感情を隔てる以外、ほとんど何の効果もないものと言ってよいだろう。私がかつて欧米漫遊の際に実際に見たドイツのクルップ会社、またアメリカのボストン時計会社などは、その組織が極めて家族的であり、両者の間に和気藹々とした雰囲気を見て非常に感心したものだった。これこそ私が唱える、いわゆる王道の円熟したものであり、こうなれば法を制定しても、幸いなことに空文に終わらせられるものである。結果的にこのようになれば、労働問題など何も意に介すことはないのではないか。

## 一得一失は社会の常時

ところが社会には、これらの点に深い注意も払わず、みだりに貧富の懸《か》け隔《へだ》てを強制的に引き直そうと願う者がないでもない。けれども貧富の懸け隔ては、その程度において違いはあっても、いつの世いかなる時代にも、必ず存在しないというわけにはいかないものである。

もちろん国民全員がすべて富豪になることは望ましいことではあるが、人に賢い者のそうでない者の違いがあり、能力のある者とそうでない者の差があって、誰もが一様に富もうとするようなことは望めず、したがって富の分配、平均などは思いも寄らない空想である。要するに富む者がいるから貧しい者が出るというような論旨によって、世の人々がこぞって富者を追いやろうとするならば、どうして富国強兵を実現することができるだろうか。

個人の富はすなわち国家の富である。個人が富もうと欲しないで、どうして国家の富を得ることができるだろうか。国家を富まし自分も繁栄したいと願えばこそ、人々は日夜努力し励むのである。その結果として貧富の懸け隔てを生じるのであれば、それは自然の成り行きであって、人間社会で免れることができない約束と見て諦めるよりほかはない。とはいえ、常にその間の関係を円満にし、両者の調和を図ることは、識者が常に留意しなければならないことであり、覚悟でもある。これを自然の成り行き、人間社会の約束だからとして、そうなるままに放っておけば、必然的に恐ろしい大事件を引き起こすことになるだろう。だから、禍を未然に防ぐ手段を講じて、王道の振興についてよく考えてくださることを切望する次第である。（明治四十四年の春）

# 利用厚生と仁義道徳論

## 誤まって伝えられた孔子、孟子の教え

私が平素の持論としてしばしば言うことだが、これまで利用厚生《りようこうせい》と仁義道徳の合体が非常に不十分だったために「仁を為せば則《すなわ》ち富まず、富めば則ち仁ならず」、利に付けば義に遠ざかり、義に依《よ》れば利を失うというように、仁と富とをまったく別物と解釈してしまったのは非常に不都合なことだった。

この解釈の極端な結果は、利用厚生に専念した者は仁義道徳を顧みる責任がないような場所に立たされてしまったことである。私はこの点について長年嘆かずにいられなかったが、要するにこれは後世の学者が犯した罪である。

すでにしばしば述べたように、孔子、孟子の教えが「義利合一《ぎりごういつ》」にあることは四書を一読すればすぐに発見できることである。

儒者が本来の意味を誤って後世に伝えた一例を挙げれば、宋の大儒学者である朱子が「孟子」の序に「計を用い数を用うる、仮饒《たといにぎわ》い功業《こうぎょう》を立て得るとも、只是れ人欲の私にして、聖賢の作処《さくしょ》とは、天地懸絶《けんぜつ》す」と説き、利殖功業のことを軽蔑している。

その言葉を推し進めて考えれば、かの教育家アリストートルの「総ての商業は罪悪なり」という言葉と一致する。これを別の意味から考えると、仁義道徳は仙人じみた人が行なうべきことであって、利用厚生に専念する者は仁義道徳を無視してもかまわないということになる。

このようなことは決して孔子や孟子の神髄ではなく、かの閩洛派《びんらく》の儒者によって捏造《ねつぞう》された根拠のない説にほかならない。ところが我が国では、元和、寛永の頃からこの学説が盛んに行なわれた、学問と言えばこの学説以外にはないというまでになった。そして、この学説は今日《こんにち》の社会にどのような弊害を残したのだろうか。

## 私の黄金世界

孔子や孟子の教えを根本から誤り伝えた結果は、利用厚生に従事する実業家の精神のほとんどすべてを利己主義であるとし、その頭の中に仁義もなければ道徳もなく、ひどいものでは、法の網を潜れるだけ潜っても金儲けをしたいという一方にさせてしまった。したがって現在の実業家の多くは、自分さえよければ他人や世間はどうであろうとかまわないという考えで、もし社会的、法律的な制裁がまったくないとすれば、彼らは強奪すらしかねないという情けない状態に陥っている。

もし、この状態が進んでいくとすれば、将来、貧富の懸け隔てはますます大きくなり、社会はいよいよ浅ましい状態に立ち至ると予想しなければならない。これは誠に孔子、孟子の教えを誤り伝えた学者が数百年もはびこって毒を残したからである。とにかく世の中が進むにつれて、実業界にも生存競争がますます激しくなるのは自然の成り行きと言ってよい。

ところが、この場合、もし実業家が競って私利私欲を計ることに熱心になり、世間はどうなろうと自分にさえ利益があればかまわないと言っているならば、社会はますます不健全になり、嫌悪すべき危険思想が徐々に蔓延《まんえん》するようになるに違いない。結果的にそうなれば、危険思想を生み出した罪は実業家がすべて背負わなければならなくなる。

だから、一般社会のためにこれを矯正しようとするなら、この際、我々の職分として極力仁義道徳によって利用厚生に道を進めて行く方針を取り、義利合一の信念を確立するように努めなくてはならない。富みながら、かつ仁義を行なうことができる例はたくさんある。義利合一に対する疑念は根本から一掃しなければならない。

たとえ社会における貧富の懸《か》け隔《へだ》ては免れることができない現象であるとしても、このようにして富を得た者は貧しい者を憐れみ、強い者は弱い者を助け、相ともに手を携え、精神を一つにして進むならば、それこそ本当に黄金世界の実現と言うべきで、いかに凶暴なバクテリアがここに侵入しても、少しも意に介すには足らないことになるだろう。

## 弱者保護の方法

私がここで再び言いたいのは、弱者保護の方法についてである。我が国において四十数年の間にあらゆることが著しく発達したのにしたがい、最も注意を払わなければならない新たな現象は、貧富の懸け隔てが著しく、その度合を大きくしてきたことである。

とりわけ適切な一例としては、東京市の富がどのくらい増加したかを知ろうとするには、その反対の貧者の数がどのくらい増えたかを調査すれば間違いないと言える。これは非常に皮肉な言い方だが、事実であるからしかたないのである。私は明治初年から東京市の養育院に関係しているのだが、もし今述べたことに疑問のある人がいれば、養育院の統計表を一覧してもらいたい。非常に残念なことだが、院の事業は年毎に繁盛していく。

いかに優れた者が勝ち、劣った者が負けるという自然淘汰が社会進歩の原則であるとはいえ、私はこれらの貧困者を冷然と見過ごすことはできない。貧者を憐れみ弱者を助けることは、すなわち我々が自身で尽くすべき職分である。私はこれらの貧困者をすべて救助したいとは言わないが、できれば彼らのために相当の授産方法を講じてもらいたいものである。

富強な者が貧弱者に対して相当の職分を尽くすことは、文明的国家における国民のただ一つの徳義となっている。私が先年アメリカを巡遊した時、各地に慈善救済事業が盛んである状況を見て、つくづく文明国家の真の意義を感じずにはいられなかった。同時に、翻《ひるがえ》ってこれを我が国情に照らして、我が国の国民がこの種の事業に対して非常に冷淡であることに驚嘆した。もともと我が国は家族制度の国柄だったから、公共の救済事業が発達しなかったのはむしろ当然だろうが、もはや昔の日本ではなくなっている。我が実業界をはじめ、その他さまざまな施設がまったく世界と同様になってきたから、貧困者の救済事業もやはり世界と同様の方法を取らなければ間に合わないわけである。

このようにして一方には貧困者がおのおのその地位に安んじて生活を楽しむようになり、他方では社会的な危険思想の病根を根絶する道が立つならば、それこそ論語のいわゆる「貧にして楽しみ、富んで礼を好む」という域に達するものである。あえて実業家の猛省を促す次第である。（明治四十四年一月　大逆事件死刑囚処刑時の談）

# 学生の就職難善後策

## 誤った学生の抱負と教育方針

経済界に需要と供給の原則があるように、実社会に出て活動しつつある人間にもまた、この原則が応用されるようである。言うまでもなく社会における事業には一定の範囲があって、使うだけの人物を雇い入れるとそれ以上は不必要になる。一方、人物は年々たくさんの学校で養成されるから、いまだに完全に発達していない我が実業界には、とてもそれらの人物を満足させるように使い切ることは不可能である。

とくに現代は高等教育を受けた人物の供給が過多になっている傾向がある。学生は一般に高等の教育を受けて、高尚な事業に従事したいという希望を持ってかかるから、たちまちそこに供給過多が生じることになるのである。学生がこのような希望を抱くのは、個人としてはもちろん良い心がけだが、これを一般社会から見て、あるいは国家的に打算したらどうであろうか。私は、必ずしも喜ぶべき現象として迎えることはできないように思う。

要するに社会は、すべてのことが同じようにできているわけではない。したがって社会に要する人物にもいろいろな種類が必要で、身分が高ければ会社の社長のような人物、低ければ下僕や車夫のような者も必要である。人を使役する側の人物が必要であると同時に、人に使役されてよく働く人もまた大いに必要である。そして人を使役する側の人は数少ないのに反して、人に使役される人は無限の需要がある。であれば学生も、この需要の多い、人に使役される側の人物であろうと志しさえすれば、こんにちのような社会であっても、人材に過剰を生ずるようなことはないだろうと考える。ところが、こんにちの一般的な学生は、その少数しか必要とされない人を使役する側の人物になろうと志している。つまり学問を修めて高尚な理屈を知ってきたから、人の下で使われることは馬鹿らしくてできないようになってしまっている。

同時に教育の方針もまた少しその意義を取り違えて、むやみに詰め込み主義の知識教育ですべて事足りるとするから、同じような類型的な人物ばかりができ上がる。また精神修養をいい加減にした悲しさで、人に屈するということを知らないので、いたずらに気位ばかりが高くなっていくのだ。そのようなことだから、人物の供給過剰もむしろ当然のことではないだろうか。

## 寺子屋教育とイギリス、ドイツの教育

今さら寺子屋時代の教育を例に引いて論じるわけではないが、人物養成の点では不完全ながらも昔のほうがうまくいっていた。こんにちに比較すれば教育の方法などは極めて簡単なもので、教科書といっても高尚なのでは四書五経と八大家文《はちたいかぶん》※①くらいがいいところだったが、それによって養成された人物は決して同じような類型的なものばかりではなかった。

それはもちろん教育の方針が全然違っていたからではあろうけれども、学生はおのおの得意なところに向かって進み、十人十色の人物となって現われたのだった。たとえば秀才

はどんどん上達して高等な仕事に向かったが、愚鈍な者も非望を抱かず、身分の低い者の仕事であってもそれに安んじていくというふうであったから、人物の応用に困るといった心配は少なかった。

ところが、こんにちでは教育の方法は極めてよいが、その精神を履き違えているために、学生は自分に才能があるかないか、適材であるかないかもわきまえずに、あの人も自分も同じ人間であり、同じ教育を受けた以上あの人がやることくらいは自分にもやれるという自負心を持ち、おのずと卑しい仕事に甘んじる者が少なくなる傾向がある。昔の教育では百人中一人の秀才を出したのに対して、現在では九十九人の普通の人間を作るということであり、これは現在の教育法の長所ではあるが、残念なことにその精神を誤ったので、ついに現在のように中流以上の人物の供給過剰を見る結果となったのである。

しかし、同じ教育方針を取りつつある欧米先進国の有様を見ると、教育によってこのような弊害を生ずるようなことは少ないように思う。とくにイギリスのような国は、我が国における現在の状態とは大いに違って、常識が十分に身につくことを重視し、人格のある人物を作るという点に注意しているように見える。教育のことについて多くを知らない私のような者が安易に口をはさむような問題ではないが、だいたい現在のような結果を招いた教育があまり完全なものであるとは言えないと思う。

【註】※① 八大家文◆中国の唐代から宋代にかけて活躍した文人、思想家の八大家の著作。唐の韓愈、柳宗元、宋の欧陽修、蘇洵、蘇軾、蘇轍、曾鞏、王安石からなる。「唐宋八大家文読本」が日本でも広く読まれた。

## 人に使われる人物が欲しい

しかしながら、それらは一つに教育の罪とはいえ、私はこんにちの学生にもその罪の半分を分担してもらわなければならないと思う。諸君に学問の素養があるからといって、すぐに人に使われるような仕事に就くことを嫌うのは非常に疑問である。自分の力量や程度を考えて相応の職に就くことができたら、それに甘んじるようにしてもらいたい。

私は現在、人に使われる人物であることに甘んじる人をもう少し多く欲しい。とかくいずれの会社を見ても、上に立つ者は一人か二人で、下に立って働く者はたくさんいる。軍隊に立派な将校がたくさんいても、完全な兵卒がいなかったら十分な戦争はできないだろう。私は今の場合、将校になろうとするよりも兵卒になる心がけを持つ人を大勢希望する。

使う人ばかりがどんなに増えたところで、事業界が発展を遂げることも望むことはできない。同時に、事業において使われる人も伴わなければならないから、私はこの際、実力を持っていて使われる人が増えることを切望してやまない。そうなれば就職に難航する人がいるだろうか。それだけでなく、そうなれば国家社会の発達も極めて円滑に、理想的に進んでいくことができるだろう。

しかし一面から観察すれば、一般社会がいまだに完全な発達を遂げていないうちに教育のほうが先に進み、一般に高等教育を授けすぎてむしろ供給過多の観がある。社会の設備さえ整ってくれば、こんにちの学校卒業生はいくらでも用いられる道があるだろうと思う。とりわけ商工業のような業界を発展させようとするには、さらに無限に各種の事業が起こりうるだろう。それらが一つひとつ企業化されて欧米諸国に遜色のない実業国となるためには、人物にはいまだにたくさんの需要がある。さしあたり、社会の状態がそこまでに進歩していないことが現在の学生にとって不幸であると言えば、そうなのかもしれない。

## 私が商科大学設立に奔走した理由

けれども学問そのものから見れば、部分的にはもっと高尚な教育が必要であると思う。高尚な学問を研鑽《けんさん》するだけの資格のある識者が出て、人に使われるのではなく人を使う側に立つには、その人は部下にとして使う人よりもさらに深い研究をしなければならない。たとえ人を使う側の人にならなくても、一生を研究に捧《ささ》げる人もいなければ、万物はさらに進歩することができない。

この理由から言って、なお一層高尚な学問も部分的には必要なのだ。自分が商科大学設立のためにかなり以前から苦心し、奔走してきたのは、つまりこの例に漏れない。その頃の商業学校には高等商業学校というものはあったが、大学組織にはなっていなかった。ところが、同じ実業の中に工科大学、農科大学が設けられているにもかかわらず、商科大学がなかったのは非常に釣り合いが悪いと思った。

これは、あたかも政治、法律、工業、農業などと比較して、商業が卑しいものであるという見解によってこのように階級を設けられ、したがって商業には最高の教育は不要であると決められたように見えた。世間の解釈はとにかく、文部当局者の心の中が非常に面白くない。私は何年も前から商科大学の設立に力を入れたのも、まったくそのためだった。

もっとも自分がこのように言ったとはいえ、商業に従事する者にはすべて大学課程を修めさせたいと希望しているのではない。もし商科大学を設けたところで、学生がみな大学を志したならば、やはりこんにちの供給過多の原因がここにも一つ増えることになるから、国家的に打算して喜ぶべきことではないのである。

ただ私が希望するのは、商業にも大学ができたならば、他の科学の世界でしかるべき人物がいるように、商売人にもしかるべき人物ができるという趣旨であり、誰に対しても商科大学に入学することを勧めているのではなかったのである。しかし、この希望は現在ようやく達せられることになった。とにかく高尚にして人の上に立つべき人を養成することも、人に使われる多数の人の養成と同様にまた必要なことなのである。

## 事実は案外楽観すべきもの

思わず教育論に花を咲かせたが、再び本論に立ち返ろう。さて現在、学校出身者の就職難については、教育の欠点と学生が抱く誤った思いが原因であるとしたが、私はさらに一つの一時的な原因を説きたいと思う。それは何かというと、経済社会の状況が起こって一時的に影響を及ぼしたことである。

以前、社会がしきりに学校出身者を要望し、歓迎して、その求人が非常に急だったために、この需要を満たすために急ごしらえの各種の学校が各所に設立され、しだいにその要求を満足させていた。ところが需要者側はほぼその要求を満たしたにもかかわらず、学校側は引き続きおびただしい数の卒業生を送り出したので、たちまちそこに多数の過剰を生じたのであった。だから前にも述べたように、社会が一層の発展を遂げ、経済界の状況が一層の活気を呈するまでは、過剰の現状に対してどうすることもできないだろう。

とはいえ、ここに一つ楽観すべきことは、世の統計学者が唱えているように、卒業生の過剰が果たしてそれほどあるのかどうか、ということである。世の人々の多くは学校の報告書から推断して、卒業生の三分の一が会社、銀行あるいは諸官省役所に採用されたことを知り、他の三分の二は今なお過剰しつつある人員であると即断してしまう。

しかし、これはあまりに早計ではないだろうか。卒業生でも会社や役所に就職している者はすぐにわかるけれども、他の個人の商店に入った者とか独立経営を始めた者とか、あるいは郷里に帰って家業を継いだ者などに対しては、ほとんど統計的につかむ方法がない。それらの学生もやはり純然たる就業者ではないか。そうしてみれば、無職で何も手に持たず、遊んで暮らしている者は案外少ないかもしれない。

学校を出た者は必ず役人になるとか、会社員になるとか即断するのは間違いで、社会は広く仕事はいくらでもある。それらの仕事に必ず従事して何かしらやっているに違いない。現に私が直接知っている埼玉県出身者は、いつまでも残っている者はあまりいないようである。もし私のこの想像が当たっているとすれば、相当に教育を受けた者がそれだけ社会に増えたことになるから、社会の分子は年ごとに高等教育化されていくわけで、実際このようであるならば、必ずしも悲観すべきことではないと思う。

# 結論

とにかく、もし過剰であるとしても、それは第一に教育のしかたに改良を望み、第二に学生の心がけを改め、第三に社会の状況が隆盛になることを期待し、第四にこれまで過多に養成してきた学生にいく分か手心を加えて、秀才だけを選ぶというような方法を取ったならば、近い将来に就職難は根絶するだろう。果たしてそういう時代がくるならば、それは学生自身の幸福であるばかりか、国家のために大いに喜ぶべき現象である。就職難の善後策について評論すれば、さらに言うべきことはあるだろうが、今はその概略に留めておく。当事者や学生の猛省を促したいと願っている。

# 雇用主と雇用者の心得

## 雇用主と雇用者

人を使う者と使われる者との関係は、昔風に解釈すれば君と臣の主従のようなものだが、最近行なわれているのは雇用主、雇用者というものであり、雇う者も雇われる者も人として平等であり、階級社会の身分などを基礎としたものではなくなった。

しかし、現在でも工場や会社における上役下役の関係と、家庭における主従の関係は、使う側と使われる間柄は同じでも、その間に違いがある私は思う。例を挙げれば、一つの工場や一つの商会を創立する時、雑事や肉体労働などのために雇い入れる人と、家庭内の使用人などとは自ずと区別がなければならない。すなわち前者は給料を支払って使用するのだから雇用主と雇用者の関係でなければならないが、後者は一家族と同様に、愛情をもって親密な関係で働いてもらうことになる。

## 日本とアメリカの家庭比較論

言うまでもなく、日本の国柄では家庭が重んじられている。家庭が国家の元素であるというものである。すなわち家庭の集合が一郷となり、一群となり、一国となるのだから、その根源に遡って主人、妻子、使用人によって形成される一家庭という小さな政府を完全にしなければ、理想的な国家を建設することはできない。だから家庭は国家にとって最も大切な要素だから、一家の主人は、その家族や使用人の区別なく深い愛情、よい教え、よい習慣によって導いていくほうがよい。

欧米の風習では、日本のような家庭的習慣は非常に乏しいようだが、日本流の家族制度と比較するとどうだろうか。日本流が党同伐異《とうどうばつい》、つまり善悪や正否にかかわらず自分の側だけについて他を退けるようなことになるのはよくない。欧米流はそれ相応によいところがあるかもしれないが、あまり感心できる風習とも思えない。とくにアメリカ流でいけば裕福な人でもあまり人を使うことはしない。時として、たくさんの金を投じて人を使うことがないわけではないが、東洋のように一人のために大人数が働くことはない。

日本の家庭と欧米の家庭とはこの度合がまったく異なっている。けれども、主従という点から論じれば、日本のような家族制度の国では、主従の関係は現在の形態のままで続けていくのが穏当だろう。

## 主人としての心得

日本のような家族制度における主従の関係において、考慮すべきことは一つだろう。すなわち雇う者が使用人に対するには、広い愛情と同情心で対するということだと思う。いかに愛情を重んじるとはいえ、家によっては十人の人間を使う主人もいれば、数十人と大勢を使う家もあるから、単に愛情だけに専心するわけにもいかない。

大人数を仕切るには、そこに何らかの取りまとめがなければならない。たとえば、それぞれの係りを決めて指図する。会計係、応接係などもあれば、蔵や物置の家具や道具類の管理係、台所の物品を取り扱う係などというように、おのおの受け持ちを決めるなど系統だった取りまとめがなければならない。

それらのまとめ方の中に愛情を注ぎ、道理に背かない程度にその人を使い、長く勤めてもらうようにさせることが主人としての心がけだろう。あるいは使用人に対して、出て行きたければ出て行けと言わんばかりに、使えるだけ使うというのも一つの考え方かもしれないが、長い間の利害を思えば、やはり愛情をもって同じ人と同居するというのが道理にかなった方法だろう。

けれどもそうなると、そこにまた損得の議論が起こる。それは、人も老境に入れば知力も体力も衰えるので、年取った者は勤務に耐えられなくなるだろう。それでも、やはり使ってあげることである。ある程度のことになるが、たとえ人に使われる者でも、兄弟も居れば親族もおり、年老いて仕事ができなくなれば、それら近親者のもとに身を寄せることになる。だから、どんなに長く使用しても、その家が姥捨て山のようになるような心配はないだろうから、そこまで深く考えることはないと思う。

## 雇用者についての私の抱負

人の使用に関する私の主義は、なるべく忠実な人、才能はなくとも誠意のある人、朴訥でも知恵と徳行に誤りのない人を選ぶことを家訓としている。使用人が忠実で学問があり、才能や知恵がある者であることを望むのは私一人ではないだろうが、そうまで完全な人物は得がたい。

知恵のある者は忠実さに欠けるとか、誠意のある者は才能や知恵に乏しいとか、とかく一方に偏りがちだが、同じように欠点のある人であれば、やはり少し知恵に足りないところはあっても私は忠実な人間を選ぶ。

論語に、才智よりも孝弟の道を重んじなければならないことを教えたものがある。そして、これはまた誰でも望まなければならない道である。

ただし忠実さが大事だからといっても、むやみに忠実さばかりを推奨すれば、人間に最も必要な智の働きを欠くようになるから、智もまた決しておろそかにしてはならない。つまり、忠実なうえにさらに知能を磨かせることに心を注がなければならない。しかし主人としての側から言えば、智は少なくとも、心正しい者を使用するなら、おのずと一家の中に情に厚い雰囲気が生まれるだろう。

使用人でも子供の頃から雇っている者や、年頃の女性であるなどの場合には、相応の結婚相手を探してあげるというように、それぞれの世話も生じるものである。そこは主婦が相応に気をつけて、女性に対しては適当な嫁入り先まで見つけてあげるくらいに、親切に情をもって世話するならば、一家の空気は自然に和やかなものとなるだろう。それらの者が一致協力し、主人が一家内に心配事を持たないようにさせるなら、外で働く主人は安心して、国家社会のために十分に全力を尽くすことができるにちがいない。

ただし誰でも国家社会に全力を尽くすとはいえ、自分の家族のすべて忘れて国家社会のためにばかり働くことはできないことである。それにも程度というものがあり、たとえばある事業に従事している者が、一家の心配ごともなく十分に働くことができれば、間接的に国家社会のために尽くす道と言えるだろう。

しかし毎日精一杯仕事に励む者でも、余力があれば国家社会のことに力を尽くすことを忘れてはならない。そういう心がけのある人が、しだいに出世していけば、一つの仕事でさほど時間いっぱいに働かなくてもよくなる。実際、自分などは第一銀行で働いているが、現在では朝から夕方まで銀行に詰めっきりでなくてもよい身分になっているから、余力を使って養育院のためにも働き、済生会のためにも働く。

さらに余暇があれば、他人から申し込まれたことでも、できるだけ処理するようにしているから、昨今では自分の用事のために過ごす時間よりも、むしろ他人の用事のために過ごす時間のほうがはるかに多くなっている。つまり、これらのことで動くのも、要は多少なりとも国家社会のために全力で尽くしたいという老婆心があるからである。

以上は主に自分の考えだが、とにかく主人がそのような心がけで働くならば、使われる者もやはり同様の心をもって主人に仕え、主人が常に安心して外で働けるようにと考えるようになる。そうすれば、ただ主人に忠実な使用人であるだけでなく、間接的には国家社会のために努力する使用人と言えるだろう。

## 人に使われる者の心得

次に、人に使われる者としては、どのような心を持つべきかというと、私はその経験が少ないので、十分にこれを説明することが難しい。けれども孝弟忠信の道を守ることは人が守るべき道であるから、この道に背かないようにしなくてはならない。

水戸光圀公の教えの中に、「主と親とは無理なるものと知れ」との一句がある。主人と親とは無理なことをしても構わないというのではなく、人に仕える者心得としては、そのくらい極端な考えを持てということを教えたものである。他人に使われる者が、心の隅にそれだけのあきらめを持っていたら、使用人としては完全に近い者だろう。

古語に「良禽は其の木を擇ぶ」ということがあり、一度仕えた主人でも、心にかなうところがなければ去ることもある。使用人の側から言えば、この点も少しは心に置くべきだろう。しかし人に使われるには、忠実勤勉を重んじて取り組まなければ主人に喜ばれることにはならない。

一言で雇用者と言えばそれまでだが、詳細に区別して考えれば、老人もいれば青年もいる。男もいれば女もいるから、いちいちそれらについて心がけを細かく説くことはできないが、だいたい人に使われる側の人の心としては、主人にできるだけ長く雇いたいと思われるように働くことが何よりも大切である。青年などは、ともすると用事が多いと不平を言うものだが、一家の中で一番多く用事を言いつけられる者が、結局一番幸せになるのだという心がけを持ったほうがよい。雇う者に愛情の心があると同時に、雇われる者にも忠実な心があることが必要である。この心を雇われる者の心とするならば、たぶん過失なくやっていけるだろう。

## 事業上の雇用主と雇用者

前述したように、家庭における使用人と事業上の雇用者には区別がある。家庭における使用人は現在でもまだ主従関係にあるけれども、事業上の雇用者はそれとはやや趣きを異にしている。昔であっても雇用主と雇用者の関係は主従と言っていたが、まだ現在ほど著しい区別があったわけではない。

現に私の家においても、家庭の使用人と兜町の事務所の使用人とはおのずと区別ができていて、非常に忙しい場合、時にはともに同じように働くこともあるが、概してその関係は違っている。兜町のほうと自宅のほうでは、一年間を通じて数回しか顔を合わせない人もいるくらいである。

現在の私に関することでさえ、そのくらいだから、もし私にもっと手腕があり、一人で商店、工場ないし牧場などをも経営するほどだったならば、家庭のほうとは全然区別されるわけである。そしてこの場合、私は本当に雇用主であり、先方は本当の雇用者である。

さて、雇用主、雇用者の関係は前述のように給料を払うことによって使用するために、家庭における使用人のような愛情はまったく必要ないかというと、私は必ずしもそうではないと思う。たとえ給料を払って働かせるにしても、できるものならあくまで広く愛し、厚く労わり、大人数を自分の親戚か子弟のように接して、その人たちの能力に応じて使い、つまるところは道理に基づいて誠心誠意その仕事に従事させることである。そして、彼らが力いっぱい働くように心がけさせることが大切である。

このようにして、その人たちの気が変わるようなことなく、その立場に甘んじて勤めさせることができるならば、雇用主と雇用者の間柄は誠に理想的なものになるだろう。

## 最後の手段は王道のみ

家庭で使用人を数名雇う場合ならこの心が行き届くだろうが、大商店や大工場のように数百人、数千人を雇用する場所になると、なかなかそう思い通りにはいかない。とくに最も困難なのは紡績工場、織物工場、機械製作工場、鉱山業などのように大人数を使用するところでは、前述した通りにはいかないもので、労使双方に衝突が生じ、大きなものでは最近イギリスで同盟ストライキが起こったように、ついには軍隊に出動してもらわなければならないような結果を招くことにもなる。事態がそうなっていけば、もはや社会問題として語るべきものになってしまう。

それも原因は雇用主と雇用者に関係にあることなので、この根本さえ円滑にすることができれば、社会政策もうまくいくはずである。

要するに大人数を統御するには法の力によることも必要だろうが、とは言っても万事を法に任せてしまっては、ますます雇用主と雇用者の関係が隔たっていくばかりだから、ここは慎重に考えるべき点である。私はこの場合、百の社会政策、千の法制よりも、「王道」によってこれを防ぐことが最上でただ一つの方法だと思う。王道とはただ王者だけが行なう方法であるだけでなく、賢明な上役や慈愛の深い主人らがすぐに行なえる方法である。

たとえば、その部下や使用人を愛する情を持って対処し、思いやりや忠義の心を持って事に当たることが、すなわち王道の実践となる。王道はただ雇用主の間にあるばかりでなく、雇用者の間にもあるものである。自分はさほど働いていないのに多くの給料を望むとか、友人に働かせて自分は遊んでいるなどというのは王道ではない。自己の責任を明らかにし、給料と仕事とが互いに調和をとるように務めるのが雇用者間における王道である。

最近、欧米などで行なわれている労働問題のようなものは、主として雇用主と雇用者の関係にほかならないが、その根源に遡れば両者の間に王道が欠けているからのことである。これを治めるにはその根本に立ち返らなくてはならない。その根本とはすなわち仁義忠孝の道、言い換えれば王道を行なわせることである。

もし王道が行なわれるならば、労働問題も同盟ストライキも、何も恐れることはない。昔、孟子は唐虞《とうぐ》三代※①の治世を指して王道と称えたが、私は国を治める方法だけにこれを用いずに、主従の関係にも雇用主と雇用者の関係にも適用したいと思う。だから、あえて王道の説を唱えてこの章を結びたい。

【註】※① 唐虞三代◆尭（唐）、舜（虞）と夏、殷、周の三代を合わせた呼び方。中国古代の太平の世と言われる。

# 過失をどう問うか

## 人を見て法を説け

聖人でない限り人間には過失があるものだが、これを責めたり忠告したりするのは非常に難しいものである。人間の世界はいろいろな階級や縁故によって形作られているのと同時に、その気風や考え方も千差万別だから、誰にでも同じような態度、同じような言葉遣いで責めあたり忠告したりすることはできない。

自分の周囲には同輩もいれば目上の人間もいる。志を同じくする他人もいれば、志を異にする親戚もいる。境遇を同じくする他人がいるかと思えば、境遇を異にする親友もいるといった状況であるから、よく言われるように人を観て法を説かなければならない。

これが厳しく責めたり忠告することが難しい理由であり、父子のように親しい間柄でも、悪事や非行を責めるのはあまり好ましいものではない。孟子にもあるように、たとえ父子の間でも、かえって恩を仇と思うことが時にはあるものである。このことから推し測っても、人を責めることが困難であることがよくわかるだろう。

しかし、自分の部下として使う者はもちろん、たとえ身寄りや親戚、友人であろうとも、それらの人々の行ないに間違った点があると認めたならば、それはあくまで自分の責任として忠告して直してやるようにしなければならない。とくに目下の者の過失に対しては注意し、極力その者の改心に力を注いでやるようにすべきである。

その過失の責め方については、どこまでも慎重な態度で相手の立場や境遇、考え方などが異なる程度に応じて、それぞれ方法を変える必要がある。穏やかでやさしい言葉で諷刺的に諭す場合もあるだろうし、あるいは正面から猛烈に攻撃する場合もあるだろう。けれども過失を過失として理解させて改めさせることが責めることの目的だから、どんな方法であろうとも、結局この目的から外れないようにすることが過失に対する巧みな責め方である。

## その罪を責めて人を憎まず

過失を責めるにあたり、第一に心すべきことは、その人に対して少しでも憎しみの情をはさんではならないということである。もしそういう心で人を責めたら、せっかくの心尽くしも何の効果もないものとなるなかりか、時にはかえってどんでもない禍の元を残すことにならないとも限らない。たとえば、どんなに多くの言葉を弄して忠告しても、それがかえって相手の心に反感を抱かせるようなことになれば、その結果はどうなるだろう。自分は親切のつもりで忠告しているのに、かえって相手は自分を恨み、友人だとしたらそれが理由で絶好もしかねないことになる。

相手によっては、自分に危害を加えるようなことがないとも言えない。もし反感を抱かせることがないとしても、その責め方や忠告のしかたしだいでは、相手がその過失を理屈にならないような言い方で自己弁護し、過失を過失と認めずに終わるようなことがなきにしもあらずである。そのようにして相手が過失と知りながら、それを改めることができなかったならば、どんなに言葉巧みに忠告しても、それは何の役も立たないことになる。

だから人を諌めたり責めたりする場合の根本的な条件としては、いわゆる「罪を憎んで人を憎まず」という態度で臨まなくてはならない。相手に対する憎しみの念を一切捨てて、ただその過失だけに向かって極力改善するように進めれば、多くの場合、それに対して反感を抱かせるようなことはないだろう。

もし反感をもたれるようなことがあるとしても、「至誠天に通ず」で、真心でその過失を責めるのであれば、必ず自分の意志を相手も理解し、ついには過失を改めるようになるだろう。それでも、どうしても相手が改めないのであれば、それはまだ自分に力が足りないのである。相手が極悪で獰猛《どうもう》な性格でない限り、自分が誠意をもって対すれば、必ず相手の良心に訴えて反省するに違いない。人に忠告し、厳しく責めるようとする場合は、この覚悟で行なうとよい。

## 部下の過失を責める場合

自分の部下が過失を犯した時、それを責めるのは簡単なようだが、実際にはなかなか面倒なものである。だから、ほかの場合よりもとくに注意しなければならない。もし部下が仕事を怠るとか、いい加減なことをするとか、あるいはひどく酔うとか、女に溺れるなどということがあれば、直接そのことを指摘して責めることもあるが、私が普段取っている方法は、その人に対してなるべく間接的に注意を与えるという方法である。

例えば過失によって何か道具類を壊した者がいたとすれば、私はその人に対して「お前は何々の道具を壊したじゃないか」と直接的には言わない。その代わりに平素から「すべての仕事に注意を怠るな。注意を怠ると事務を忘れたり、物を壊したりするようなこともある」と言って戒めておく。だから道具を壊した場合になって、私がすぐにその過失を責めなくても、「自分が道具を壊したのは非常に悪かった。平素から戒められていた注意を怠ったのだ」ということに自ら気づいて、多くの者は言われるまでもなく、その後は十分に注意を払うようになる。私のこの方法が必ずしも過失を改めさせる最高の手段とは言えないだろうが、自ら実地に経験したところでは最も効果的である。

しかしどんな場合でも、そのような戒め方が最良の手段であるとは言えない。事と場合によっては直接その不心得を説き聞かせることが必要である。例えば酒を飲みすぎる癖があるとか、ひどく考え違いをしているような場合には、心を込めて教え諭すほうがよいだろう。

同じ過失でも性質の悪いものは猶予がないから、それに対しては事実を指摘してその考え違いを諭すのである。本当に過失と見るべき問題、たとえば仕事を怠るとか、物をいい加減に扱うとか、出勤時間に遅刻するようなことに対しては、明らかに指摘して言うよりも、平生の心の持ち方について教訓を与えるほうが、過失の責め方として最も効果的だと思われる。

## 友人や同輩に忠告する場合

目下の者や部下に対しては以上のような方法が効果的だが、友人や同輩の間で過失があった場合には、どのように忠告すればよいか。自分の同輩や友人に対しては、部下を戒めるような態度は取れないわけである。自分がそのような場合に特別な方法を取らなければならない時、それらの人に大きな過失があるとすれば、声を潤らして諌《いさ》め、忠告することもなくはないが、とかく個人の性格に立ち入るとあまり言うこともできないし、自ら進んで言いたくもないから、なるべく慎重な態度を取っている。

しかし相手が天真爛漫《てんしんらんまん》で小さなことにこだわらない性格であれば、率直に「君は近頃身持ちが悪いようだから、ちょっと慎んだらどうか」とか「彼は酒を飲みすぎて素行《そこう》がよくないから、少し忠告したらいいだろう」というくらいのことは言えないこともない。そういうことを言ったからといって、相手の性格が前述のようであれば、とくに怒って絶交というようなことにもならない。

けれども私はあまりそういうことを人に言うのは好まないし、人から言われることも好まない。だから強いて言うよりは、時に応じて少し相手に注意を与えてやるようにする。たとえば、その人の度量が狭く他人の考えを受け入れられないような欠点があるとすれば、その人に向かって直接的に「君にはこういう悪い性格がある」とは言わずに、「人としては、こういうふうにありたいものだ」というふうに注意してやるのである。

したがって私は多くの場合、友人や同輩に対する忠告として、面と向かって直接的にはっきり言うことはなるべく避けている。それは非常に不親切なように感じられるかもしれないが、非常に悪い過失を除けば、相手がわかる程度に風刺的に言う、つまり適当な喩《たと》えを引いてそれとなく理解させるくらいに留めておいたほうがかえってよいのである。

どんなに親密な間柄の者でも、直言して忠告するのは考えものである。せっかくの好意も、相手には好意と受け取ることができず、むしろ曲解されることが多い。そうなってしまっては、かえって好意にならないから、十分に考えて忠告しなければならないのである。

## 家族の過失に対する場合

次に家庭において家族に過失があった時、どうすればよいかというと、私はずいぶん厳しく責めるほうである。自分の命令に従わないような者に対しては、家法の定めによって、どこまでも承知しないということもある。家長たる者の権威として、そのくらいにしなければならない場合もあるのだが、思いやりと厳しさは同様に、同時に行なわれるべきであることも忘れていないつもりである。

私は一家の家長であるからといって、むやみに高飛車に権力ずくで振る舞うのは、おそらく家長として取るべき最良の手段ではないと思う。一面で厳格であると同時に、他の一面では溢れるばかりの慈しみ、愛がなければならない。思いやりと厳しさが並んで行なわれるようにしなければ、一家の家長であっても家族は素直に命令に従えるものではない。

ここでとくに注意すべきことは、家族の者の過失を責めるのと、罪人を裁判官が問いただすのとでは、まったく意味が違うということである。国法によって、それに反する者をいちいち裁判するのと、慈愛をもって家族の過失を責めるのとは、言うまでもなく精神的にすでに違いがある。

裁判官がすべてのことを法に則って裁く場合、罪人に対して裁断するだけでなく、その裁判の結果が国民全般に対しても模範にならなければならない。ところが一家族や親戚に関する事の処理は、とくに世の中の模範にしなければならないほどまで考える必要はないので、単にその人間の過失さえ改めさせればそれで済むことである。

だから、この間に手加減を要するので、家族に対して家長が罪人扱いするようなことがあっては、せっかくの志も結果的に非常によくないことにならないとも限らない。だから、家族の過失についても、決して軽率に判断することはできないのである。

## 事業上で異見が生じた場合

これは過失とはやや性質が異なるが、初めに述べておくと、会社などの営業上で意見が一致しない場合にどうすればよいかということである。このようなことは、一般社会には不要かもしれないが、事業の世界で仕事していこうとする者にとっては、時には直面する問題である。

そのような場合に臨んだ時、どのような手段を取るのが最も適当で要を得たものなのだろうか。もちろん、その事の軽重善悪《けいちょう》によって、あるいは職務を賭けてまでも正否を論じなければならない場合もあるが、多くの場合はやはりなるべく円滑に進むようにするのが得策である。事業である以上、大勢の人間が集まって成立することが多いのだが、大勢というのもなかなか面倒なもので、それぞれに顔が違うように心もおのおの異なっている。したがって大勢の意見が、まったく自分の意見と一致しないことも多いのである。だから、あくまで大人数の間で自分の意見を通そうとするのは、かえって無理な注文なのだろう。だから、もし自分の意見を通さなければならない場合には、多少回りくどいからもしれないが、やはり婉曲《えんきょく》に持ちかける以外に方法はないだろう。

私はかつて東京瓦斯会社において、その配当を減らして積み立てを増やさなければならないと説いたことがあった。しかし大勢の株主はこの説を受け入れず、自分もまた大勢に対して強い圧力を加えたり権威で押さえたりしてまで意見を通したいとは思わなかった。

世の中にはよく元老株ということを楯にして、あまり深い関係を持っているわけでもないのに、「俺は承知しない」などと弱い者いじめをして、どこまでも自分の意見を通そうとする者がいるが、私はそういうことが非常に嫌いである。だから、その前から二、三人の人と提携して自分の意見に賛成を求め、その後にこれを行ないたいと思っていたのだが、それができなかったのは本当に残念である。

けれども私は、自分の意見が通らないからといって、この会社には一日もいられないというほど思いつめたこともなく、むしろ一日も早く自分の意見に近づけたいと心配したに過ぎなかった。こういえば、いかにも自分の志を曲げているように聞こえるかもしれないが、私はそういう場合、人に圧力を加えてまでも自分の説を通そうとは思わない。少し回り道をしても、いつかは自分が理想と思うことを実現できる時がくるようにと、平素からその心がけを怠らないようにしているのである。

以上に述べたことは、私の過失に対する責め方と、異なる意見がある場合における対処法である。人として世の中と対していく以上、誰でも過失がないとは言えず、異なる意見が生じないとも限らない。そういう場合、私はいつでも前述したような工夫によって処理してきた。処理できないまでも、私が理想としてきたことである。人の過失を責めるというのは本当に面倒なものなので、よく注意して対応するように願いたい。

# 第三章　教育事業と女性論

# 実業教育の必要性

## 明治初年の不完全教育

今や東京高等商業学校は一千二百余名の学生がおり、一千余名の同窓会員が登録し、実業教育機関として天下に盛んな勢いを見せている。そして銀行や会社には、ここで養成された学生が必ず十二名もしくは十数名宛送られ、とくに大人数を要する三井、三菱、郵船会社などには年々十数名の卒業生が入社する状況で、実業者は主としてこの学校で教育されるので、実業界における人材養成上、唯一の期間となっている。

しかし、この学校もその源を訪ねれば、さまざまな困難と波乱の多い歴史がある。私はこの実業界にいる因縁から、当初からこんにちに至るまで引き続いて世話し、いわば苦楽をともにしてきた一人だから、この学校に対する感慨も深い。そこで高等商業学校の回顧談とともに明治実業教育の発達について一言述べてみよう。

明治初年、西洋の文明を輸入して盛んにいろいろなことが急激に起こるにつれて、教育も大いに発展し始めた。その頃の教育の仕組みは政治、法律、軍事、文学のような者にしても、それらを教育する人物を養成する師範学校のようなものもできた。

それらはいずれも海外の例に則《のっと》り、秩序立てて組み立てられたが、私が明治六年の意見書の文中に「学ハ八区ヲ分チテ無知ノ民ヲ誘ヒ、兵ハ六鎮ヲ置テ不逞ノ徒ヲ懲ス云々」と書いたのも、要するにその当時、学を八区に分けて順序正しく教育を行なったことを指したものであった。

以来、教育が必要な理由について、その頃の識者が一斉に唱えてその拡張を計画したが、多くは政治、法律、軍事、などに関するものに属し、統治者となるべき人材を養成することに努めて被治者《ひちしゃ》となる者を養成するための教育ではなかった。

言い換えれば、治国平天下《ちこくへいてんか》すなわち天下を平らかに治めるために国を治める方法を授けるほうであり、修身斉家《しゅうしんせいか》すなわち国を治めるためにはまず自分の心や行ないを正し、さらに家庭を営む工夫を講じることについては非常に手薄な状態だった。だから明治初年の教育は不完全だったと言わなければならない。

## 森有礼《もりありのり》氏と商業教育

ところが、その後、文部大臣として英明を馳せた故森有礼氏はさすがに早くからこの不完全な教育をよく見ていたらしく、確か明治七年だったと記憶しているが、大久保一翁氏の東京府知事が在職していた当時、この人に相談して日本にもビジネススクールすなわち商業学校を設立して商業教育の発達を図りたいということになった。しかし、今これを政府に勧めても簡単には耳を傾けてくれないだろうが、とは言っても、自力で行なうことも容易ではない。アメリカから教師を招いて行なうことになれば一年に数千円が必要になるので、維持が困難なことは最初からわかっている。

もし、ここで東京府から教師を招聘《しょうへい》する費用と毎年若干の補助を仰ぐことができれば、私はこの学校を創設してみたいと言った。大久保氏もこれには賛成したが、その金は府の共有金の中から支出するということであったから、当然このことは私にも相談があった。というのは、その頃、東京府に営繕会議所というところがあって、府の共有金の保管およびその運用を行ない、道路や橋梁《きょうりょう》その他のことにその金を支出するには会議所員に諮《はか》らなければ、府知事といえども勝手にその金を使用することはできなかった。

当時、会議所の役員は西村勝三、杉村甚兵衛などの人々で、私も明治七年に府知事から共有金の取り締まりを嘱託されたので、同時にその一人に加わっていた。その時、大久保府知事は会議所員に諮るのに森氏の意見を尊重し、出資額を定めて欲しいとの相談があったので、一堂は審議の結果、出資は差し支えないということになり、府は一時的に七、八千万円ほどを支出し、毎年千五百円くらいの補助を与えることを承諾した。これによって森氏は明治八年八月、東京の尾張町に商法講習所というところを設け、アメリカからホイットニーという講師を招いて日本における商業教育の皮切りとした。

私はその当時、会議所員としてその評議に参与しただけであったから、森氏と深く商業教育について話したこともなければ、自分もそういうものが必要であることは理論のうえから知っていたくらいのことであった。ところが、その年の十一月になると、森氏は特命全権公使に任命されて中国に行かなければならない状況になった。森氏は、もしこのままにして自分が去ってしまえば、そのあとを引き継ぐ者がなくなって、商法講習所はたちまち衰退するだろうと大いに心配され、何か工夫はないだろうかと私に相談された。

その時、私は森氏の意見に大いに同調し、森氏の私有であるこの塾を府立にしてもらう方向で会議所員たちに諮ってみると、議員一同この意見に賛成し、府知事も承知したので、ここに初めて校舎一切を府が引き受け、森氏にはその建設費などを支払い、名称も同じ商法講習所とし、教師も同じ人々で行なうことになった。このようにして明治九年五月、木挽町十丁目に校舎を移し、完全に府立として東京府庁が管理することになり、故矢野二郎氏を所長にした。ほかに成瀬隆蔵、森島修太郎氏などもこの時代から熱心に人力された人々で、以来、引き続き実業教育の発展を図ることに務めていった。

## 商法講習所撤廃問題

ところが明治十四年になると、思いがけなく講習所の撤廃問題が府会の議場に上った。撤廃に賛成する人々は次のように論じ、主張した。「日本の現状に照らして商業教育のようなものはいまだに必要なものではない。もし仮に必要であっても、府が出資して経営するには及ばない。商人を養成する学校なら商人各自が出資してやろうとも、あるいはその他の方法でやろうとも、ここで府が不足している歳計から支出してまでもやらせることはない」と。

ちょうどその時、三菱会社はこの機に乗じて講習所を現状のままにして引き受けようと提案した。ところが私たちは一途に府の廃止案に反対して、次のように言い返した。「元来、教育は政治、法律、軍事、文学のみに留まるものではない。商工業教育も同時に教育方法がよくなければ、一国の富を増加させることはできない。今や文明国には必ずこの教育を備えているのが現状であるのに、我が国だけがどんなに教育の経験が少ないとはいえ、そのように必要な教育を些細な金のために廃止するというのはいかにも情けないことではないか」と。

しかし、経費がかかることを嫌う論者が多く、私たちの意見は容易に受け入れられそうもない。この時、廃止論に反対した矢野二郎氏をはじめ益田孝、福地源一郎、大倉喜八郎の諸氏も意見をともにして、一致提携してしきりに反対を唱えたけれども、府会議員らは私たちと意見を異にした反対派ばかりで、意地になって自説を固持して、「もし、ここで講習所をまったく廃止してしまうというのであれば、あるいは過激な処置ということになるかもしれないが、あとをそのまま三菱が引き受けるというのだから、形式こそ変わっても主体はあるのだからよいではないか」と極論した。

私はまたこの意見に反対して言った。「国民の教育に関することは、一つの会社が専有すべきことではない。公共的な性質を持っていなければならないものである。ところが、今これを一会社の所有にすれば、三菱の一家塾となって非常に偏ったものになる。現在、公共的なものを府がことさら止めることにして、これを一家塾にしてしまうとはあまりに道理に反することである。もし府に経営の能力がなければ、むしろ所轄を国に移して経営するように考えるのが順当だろう」と論じたが、廃止派の議員がわずかに一名多かったために、同年七月、商業講習所は廃止の悲運に出くわすことになった。

その時、私はどのようにしてもこの学校を存続させたいという希望を抱き、ついに何人かの同志と相談して、農商務省に建議して経費の補助を受けられるようにした。これで東京府の手を離れることになったが、学校はそのまま継続することにした。

## 初めて文部省の直轄となる

当時は松田氏が知事を退いて、芳川顕正《あきまさ》氏が後任となった頃であったが、芳川氏の意見としては、講習所に対して政府に十分力を入れさせるには、まず民間の有志が相当の金を出し合い、その資金を学校に付けて相談を持ち出すのがよいとのことで、私の早速この意見に賛同した。

そこで府知事の名によって市内の実業家を厚生館に招待し、その意味で寄付金を勧誘したが、実業家たちもその意義を了解し、各団体が各自で相談した結果、出資を申し込んできた額が三万円余りに達した。済生会※①でさえ容易にできる現在、民間の実業家が集合して三万円ばかりが何だという感想もあるかもしれないが、明治十五年頃における三万円の醵《きょ》金《きん》はなかなか容易ではないことで、百円の金でさえ巨額としていたのだから、こんにちの三百万円にも匹敵するほどであり、したがってこれを集める苦労も大変なものだった。

さて、これは明治十五年三月のことだったが、宮内省からもとくに五百円の御下賜金《かしきん》があり、それらを加えて一切を学校に寄付し、農商務省との協定がまとまって、明治十七年三月から完全にその直轄となった。同時に名称を東京商学校と改め、東京商法会議所委員の中から同校の商議委員を選出し、重要問題は委員によって審議されることになった。このようにして学校廃止の危機だけは免れることができた。

次いで明治十八年五月、教育統一主義のもとに文部省の直轄に移り、一ツ橋のほか旧外国語学校をその校舎に宛てることになったが、以来、入学者も年ごとに増加し、今ではじつに一千二三百人という多数の学生が学ぶ大発展を遂げた。この間には、もちろん適切な運営と校長の努力があって大いに進展したとか、あるいは文部大臣の方針がどうであったなどということはあったに違いないが、ともかく現在ではついに実業教育で唯一の必要機関となったのである。

【註】※① 済生会◆明治四十四年（一九一一）恩賜金を基金にして設立された医療機関。現在は社会福祉法人恩賜財団済生会として各地方で病院経営などにあたっている。

## 私が実業教育を必要と感じた理由

さて、私が明治十四年に実業教育の必要性を深く感じ、府会の人々に反対してどこまでも商法講習所の存続を叫んだことについては多くの理由がある。正直に言えば、私が明治七年頃、実業教育の必要性を唱えたのは、単に理論上からのことばかりで、政治、法律、軍事などに相当な教育方法が開けている以上、商業にもその教育方法がなくてはならないはずだと思ったにすぎない。が、私が官吏の道を退いて銀行家となったのは、要するに実業の振興を図ろうとするためだったから、理屈においては早くからその必要を認めていた。

そして森氏の意見に賛成したのも、じつはこの理論上からそうしたのであった。しかし実際には、まださほど不可欠なものだとは思わなかった。ところが明治十三年になり、私の知ったかぶりの実業教育必要論は根本から打破され、実業教育に心眼を開かなければならない動機に行き当たった。

今の東京瓦斯《がす》株式会社の前進である東京瓦斯《がす》局は、明治六年にフランスのペレゲレンという技師を招聘《しょうへい》して事業を運営していたが、私は明治八年頃からその局長を嘱託され、だいたいの事務を処理するに当たって、日本人にも次第にこれを習わせて、外国人の手を煩わさなくてもガス事業ができるようにしたいという考えから、明治十三年には、当時大学の工科で教鞭を執っていた高松豊吉氏（その後、東京瓦斯会社長、工学博士）にこのことを相談した。

ところが高松氏が言うには「ガス事業は応用化学だから、その方面の卒業生を出してあげましょう」とのことだったが、私のような者には応用化学がどんなものであるかさえ知らない時代だったから、「何でもよろしいのですが、それにふさわしい人物をお願いします」と頼んだ。その時すでに大学には工科が設立されていて、応用化学のほうにも二、三人の卒業生がいた。その中の秀才で、水戸の所谷英敏という者が適任者であろうという推薦で、私はこの人を雇うことにして、まず第一銀行で面会してみた。

その時私はいろいろと話した末に将来のことについて述べ、「ガス事業のようなことを東京府が経営するのはよくない。ついには会社組織にして民間に移したいというのが希望だが、今は試験期間でほとんど収支の計算も立たないからしかたないが、相応に独立できる時期がきたらそうするつもりだ」と語った。ところが所谷はこれを懸念《けねん》して、「官業でどこまでもやるというのならよいけれども、そのあと民業に移す事業であれば、せっかくのお薦めではあるが辞退したい。そのわけは、官業に従事しなければ出世の道も厳しい。勲等ももらえなければ恩給もつかない。それでは苦心する甲斐《かい》がない」と言った。

私はこの言葉を聞いて大いに驚き、早速高松氏にもそのことを語ったが、さらに当時の学長であった加藤弘之氏を訪問して、教育方針が誤っている点を指摘して大いに論じた。その時、私が述べた意見の大まかな内容は次のとおりである。

「現在の教育者は非常によくない。所谷は私に向かってこのように言った。彼だけでなく現在の学生はすべてそういう考えを持っているらしい。これでは、かえって教育が害を与えることになる。文部省や大学の人々は何と考えておられるのか。もともと政治、法律などを学ぶ者が官吏となるのは当然で、また当初の目的もそこにあってのことだろうから不思議はないが、工科の出身者が官吏の道に仕えることを企てるようなことはもってのほかだ。民業の役に立たなければ工科の存在さえ必要ないではないか。もし、その人が単に世間に対して勢力を張りたいとか、権威をもてあそびたいといった野心のために学問を学ばせるのであれば、それこそ官尊民卑《かんそんみんぴ》の弊害を助長して、その学問が何ら益のないものであるばかりか、むしろ大きな弊害となるものであろう」

こう考えていると述べ、同時に私は、他の教授諸氏にもこの意見を語ったが、結局、所谷はそれらの人々に説得されて瓦斯局に来ることになった。しかし私はこの時、深く実業教育が必要な理由を感じ、商業学校のためにも極力努力し苦労しようと考えたのだった。

## 実業教育振興のために大学講師となる

学問をすることの目的が、官吏となって他人の前で多少威張ったり外見を飾ったりしたいということだけならば、それは非常に憂《うれ》うべきことである。「もともと私は官吏と民間とで別に優劣や尊卑はないと思っていたが、世間の風潮はそうではなく、このような誤解があった」と所谷の例を引いて人に会うたびに語った。

加藤氏は私の意見に理があるとされ、嘆いて次のように言われ、私に大学の講師を頼まれた。「どうも学生と商工業との間には接触が少ないから困る。学生は官吏の子ばかりではないけれども、一度彼らが学校を中心に集まると、官吏の考えに染まってしまい。そのような風習ができあがってしまう。もっとも多少実業界の人と交際する者がないではないようだが、それらの人々が下卑《げび》たことを口にしたり、破廉恥《はれんち》なことを行なったりするので、学生はその有様を見て『商人は下品だ。学問した者はああいう連中の仲間入りはしたくない』というような考えがおのずと生じてくるので困る。だから、この考えを打破することがさしあたって急務だが、それについては実業界の見識も品格も備わった人に追い追い接触させたいと思う。どうか渋沢君などが先に立ってこの工夫を講じてください。ついては、あなたもこの際、大学の講師になってはくださらないか。銀行のことに関して一番よく研究されているのはあなただと思うから、大学の経済科などでその講義をしてくだされればよい」と。

私は大蔵省出仕時代から銀行業に関する研究を専門に積んで、アメリカではどうとか、イギリスではこうとか、広くそれらの調査をしていた。また国立銀行条例、銀行成規（規則）などの書物は、私がその編纂に与った経験から、大学でその講義をしてくれとの依頼であったから、私も多忙の身ではあったが、週に一回くらいなら都合をつけて出られないこともないので、実業教育の振興のためと観念して講師になることを承諾した。

以来二年間ばかり大学の講師となって、銀行の歴史からこれまでの実際の話などを講義した。その時、実地経験者の講師がほかにも一、二名いたが、要するに政略的講師であり、銀行の頭取でも帝国の最高学府で教鞭を執ることができるものである。官尊民卑は誤解であると、一般学生や世間の人々に教える目的があったのである。

## 四十二年の高等商業学校のもめごと

何ごとでも、その創始時代には言うに言われない苦心をするものであるが、私も政略的講師までして実業教育を奨励したいと務めた結果、高等商業学校を初めとして、のちには全国に各種の実業学校が創設され、実業教育も非常に盛んになってきた。したがって工科、農科に大学がすでに作られている以上、商科にも大学がなければならないという議論が一般社会で勢いを持つようになってきた。そこで私は同窓会の人々と諮って商科大学の創設に尽力した。

ところが、ある人々は「商業に大学はいらない。商業は理屈でできるものではないから、彼らに高等教育を授けるのは、むしろ害にはなっても益はない」と論じて反対した。けれども、私の意見としてはこのように主張した。

「なるほど、理屈や議論はいらない。古人の教えにも『君子は言に訥にして行に敏なることを欲す』と言っているとおりに違いないが、しかし商業に限って他の学問より一級卑しいというのでは、非常に均衡がとれないではないか。商業者の地位は、昔の士農工商といった時代と何も変わらない。何も私は学問の程度を高めて、みな大将になるように養成しろと言うのではない。ほかに多くの中等学校があって、一番上には大学もあるようにしたいというまでである。それには単科大学、総合大学、その他の形式は何でもよいが、しかし商業大学を置くならば、順を追って商科を修業した教員も善良な生徒もたくさんいる一ツ橋の商業学校だから、これをこのまま進めて大学にすればよい」と。

同窓会の人々も私の説に肯《うなず》き、貴族院、衆議院の両院でも商科大学の設置を将来に向けた急務とすることになったので、明治四十二年度になって文部省は帝国大学の中に商科を置いて、これまで高等商業学校の中にあった専攻部を廃止することにした。いかにも文部省としては、これで形式上商業学を進めて商科大学必要論に対する責任を果たしたことになるだろうが、高等商業学校側の人々から見れば、文部省の処置はいかにも不都合であると言わなければならない。

どうしてかと言えば、これまで長く苦心惨憺《さんたん》して、いつか一度は大学が設置される日を夢見て、またその目的をもって入学している学生がいるのに、故意に一級卑しくしてしまったのだから、不平が起こったのも当然である。だから、商科大学はできても、商業学校側はその望みが叶わないので、もめごとを引き起こした。

彼らの主張はこうである。

「商業学校をすぐに単科大学にして欲しい。農科大学が駒場にあっても、やはり総合大学の一部として立派に成立している以上、もし商業学校を単科大学にすることができないならば、総合大学の形式でもよい。教える場所が離れるまでのことで、何でもない話である。そして大学に付属する高等商業学校はその中に併設すればよい。ところが名目だけの商科を法科大学の中に置いて、かえって高等商業学校にある専攻部を廃止するというようなことは、文部大臣の処置が非常に間違っている」

商業学校側は、校長も、教職員も、商議員も、同窓会員も、在校生も一致してこの趣旨を称えたが、文部省は頑としてその主張を受け入れない。だから血気盛んな学生らは同盟退学を企て、重大な事態になったので、私たちはかえってこの調停に力を尽くさなければならないことになり、あらゆる方面にわたって学生を説得し、復学させて一時的に取りつくろった。けれども、現在に至るまで大学となることについては、何ら解決の歩みは進められていない。これについては、私も非常に残念に思っている。

## 実業教育の進歩

とにかく現在の実業教育は、もはや十分に発達を遂げたと言ってもよいだろう。これを東京府が商法講習所を廃止しようとした時代に比べれば、じつに雲泥の差があり、先般の済々会の寄付金のように、しばらくの間に二千万円以上の巨額の醵金《きょきん》でさえ、多くは実業者の側からできる国柄《くにがら》になったのも、ひとえに実業の発達によるものである。しかし、もともとの要因は高等商業学校によるところが大きいと思われる。

前にも例に出した瓦斯局のようなものは、明治十八年には二十七万円の資本で株式会社となったものが、こんにちでは一躍四千万円以上の大会社となり、しかも営業成績は最も良好である。ただし会社一般に、すべてがそのように発展したとは言えないが、概して進歩した会社が多いことは事実であるに違いない。

実業教育も同様に進歩したものの一つで、今や全国いたるところに各種の実業学校が設置され、私が三十年前に理想としたことが着々実行されつつあるのは誠に喜ばしいことである。私は今、三十余年前を回想して、いよいよ隔世の感に堪えないのである。

# 女子高等教育の必要性

## 混沌時代の女子教育論

現在、日本の教育界において女子教育は、多くの研究が必要な価値のある問題であると思う。遠慮せずに言えば、日本の女子教育の根本的方針とか、根源となるべき論旨などというものはいまだに確立されていないようである。学者や教育家の間ですら意見が統一されていないくらいだから、まして一般家庭などでは男子に対する教育方針のように、女子に対してもしっかりとした意見によって教育する者がいないのは無理もないことだろう。

今、学者や教育家の説を聞くと、「女子に教育は不必要である。家庭の中にいて家政を担当し、自分としての道徳を守ってさえいればそれ以外に別に何もすることはないのだから、そういう者に高尚な学問など無用の長物だ」と消極的に論じて、どこまでも東洋流の女子教育論を立てる者もいる。またある者は積極的に出て「昔の女子ならばともかく、何ごとも世界的になってきた現代を生きていこうとする女子ならば、男子同様の教育を受けて、知識や才能を啓発しなければならない」という議論を立てている。

このように専門家の間ですら甲が良くて乙は悪いという論が一定するまでには至っていない。しかし、女子教育界の実情に照らしてみると、年ごとに教師の側に立つ者も考えが進んでいけば、学ぶ者のほうも増加していくという様子だから、女子教育に対する根本的な考えが確立されていないながらも、女子教育が必要なことがようやく社会に認められてきたことが推察されるのである。

仮に女子教育はどこまでも必要である、文明社会を生きるべき女子に文明的な学問がなくてはならないものであるとすれば、かの学者や教育家が、甲が良くて乙は悪いといった議論の中で最も中庸を得てしかも穏当な部分をとって、これによって教育方針を確立していくのが正当ではないだろうか。これは、教育家ではない私が女子教育に私見を述べようとする理由である。

## 大昔の女子教育

かなり昔に遡《さかのぼ》り、我が国における大昔の女子教育の様子をみると、ずっと以前の王朝時代はなかなか盛んであったらしいが、それから武家時代に入るにしたがって、しだいに衰退してきたように思われる。王朝時代には女子の間にも立派な者がいて、いわゆる有名女性を輩出した時代と言われるように、文学などにおいては女子の偉人が多かった。

それらの人々は、こんにちまで美談、逸話、歴史などが伝えられているのだが、しかしその中には才能は秀でていても、婦徳に欠けた者もいた。かの紫式部、清少納言、和泉式部、赤染衛門などのような者はとくに女流の頭であったが、その文章、和歌は後世の模範とするのに十分であり、同時に相応な学識がなくては、あれだけのものは書けないということも察することができるのである。この時代はじつに女流詩人が輩出して、女子でそういった名家を出すことになったのは、要するに一面において女子教育が盛んであったことが想像できる。

しかし後世に名を伝える女子はみな皇室に属する人ばかりだから、国民一般すべてが女子教育に関心を持っていたとは断言できないが、名も知れない女性の作歌が選集などに載っていることから察すれば、田舎でもやはり相当な教育が行なわれていたことと思われる。

総じていつの時代に限らず、都会の風潮はおのずと田舎にも伝播するものだから、都会の識者の間で女子教育が盛んであれば、田舎にも自然にその習慣が伝わっていったに違いない。とにかく同じ宮女や官女のような者の間でさえも、武家時代となって以降よりは、王朝時代のほうが知識や才能においてはるかに優れていたことは事実である。

## 封建時代の女子

その後、政権が武家の手に移されてから女子教育もしだいに退歩し、封建時代においては、ほとんどそれを意に介する者もいないくなったような状況であった。国民はむやみに剛健であろうとし、討伐することが優れていることであったから、弱の肉は強の食となるような有様であった。ひいては社会の秩序も大いに乱れ、女子は一種の政略的、軍略的な材料として取り扱われるような事実もあって、女子はまるで一つの道具のように見られ、その自分の意志に反して嫁入りしなければならないこともあった。

たとえば源頼朝が政子と通じたのは、政子の才色を重んじたというよりは、むしその父となる北條時政に好意を伝えようとするための策略であって、こんにちの言葉で言えば政略結婚であった。ところが政子は意外に才女だったので、頼朝はこれによって大いに助けられた点もあったが、このために源氏を滅亡に至らせた獅子身中《しししんちゅう》の虫でもあったのである。才能はあっただろうが、婦徳《ふとく》には欠けていたようである。

その他、織田信長が斎藤道三《どうさん》の娘を妻とし、豊臣秀吉が徳川家康に妹を嫁がせたようなこと、あるいは秀忠の娘を秀頼の室に入れたようなことは、みな政略的な結婚であり、当時そのような例は枚挙にいとまがないほどだった。同時にまた女子がいかに道具と見られていたかが推察されるだろう。

社会がすべてそういうふうであったから、おのずと女子教育などは軽視されており、ほとんど男子と同様に教育することなど思いも寄らないことであった。どちらかと言えば女子は男子の心を楽しませ、眼を慰めるために使われていたから、舞踊とか音楽の道とか、あるいは歌謡のようなものは女子に対する一種の教育として仕込まれたけれども、知識や才能のような方面はいい加減にされていた。下級社会の女子などは、まるで情欲を満たす器具であるくらいに見られたかもしれないほどであった。だから女子を教育して夫婦が一家を作る道を教えるというようなことは、ほとんどありえないことだったのである。

## 偉人とその母

そうであれば、女性は封建時代におけるように教育されずにおいて、むしろ侮蔑的に取り扱われていればそれでよいのだろうか。それとも相当な教育を施し、修身斉家《しゅうしんせいか》の道を教えなければいけないのだろうか。これは言わずと知れたことで、教育はたとえ女子だからといって決しておろそかにすることはできないのである。それについて私はまず、女性の天職である子供の育成ということについて少し考慮してみる必要があると思う。

だいたい女性とその子供とはどんな関係を持っているかというと、統計的に研究してみれば、善良な婦人の身体から善良な子供が多く生まれ、優れた女性の教養によって優秀な人材ができるものである。その最も適切な例は、かの孟子の母のような者、ワシントンの母のような者であるが、我が国においては楠正成の母、中江藤樹《とうじゅ》の母のような者も賢母として人に知られている。最近では伊藤公[※①]、桂公[※②]の母君も賢母であったと聞いている。とにかく優秀な人材は、その家庭において賢明な母親に可愛がられて大事に育てられた例が非常に多い。

偉人が生まれ賢人や哲人が世に出るのは婦徳によるところが多いということは、私だけの一家言ではないのである。そうしてみれば、女性を教育してその知能を啓発し、婦徳を養成することは、教育された女性一人のためであるばかりか、間接的には善良な国民を養成するための要因となるわけだから、女子教育は決しておろそかにすることができないものである。また女子教育を重んじる理由はそれだけではない。私はさらに、女子教育が必要な理由を次に述べてみたい。

【註】※①　伊藤公◆伊藤博文（一八四一～一九〇九）。長州藩士時代は討幕運動で活躍。明治政府では帝国憲法の制定、天皇制の確立に尽力し初代、第五代、第七代、第十代内閣総理大臣を務める。一九〇五年（明治三十八）初代韓国統監となるが、ハルビンで暗殺された。
※②　桂公◆桂太郎（一八四七～一九一三）。長州藩士、陸軍軍人、政治家。明治政府では第十一代、第十三代、第十五代内閣総理大臣を務める。日露戦争では日本を勝利に導く。

## 女子教育は絶対に必要である

明治以前の日本の女子教育は、中国思想に基づいたものだった。ところが、中国の女子に対する考えは消極的な方針で、女子は貞操であれ、従順であれ、細やかであれ、優美であれ、忍耐強くあれと教えたが、このように精神的に教育することに重きを置いたにもかかわらず、知恵とか学問とか道理といった方面の知識については褒《ほ》めも教えもしなかった。

幕府時代の日本の女子も、主としてこの思想のもとに教育されたもので、貝原益軒《かいばらえきけん》の「女子学」はその時代におけるただ一つの最上の教科書だった。すなわち知のほうは一切なおざりにされ、消極的に自分を慎むことばかりに重きを置いたものである。そういう教育をされてきた女性が現在の社会の大部分を占めている。明治時代になってから女子教育も進歩したとはいえ、いまだにそれらの教育を受けた女性の勢力は微々たるもので、社会における女性の実体は「女子学」から脱することができないと言っても過言ではないだろう。

だから、こんにちの社会に女子教育が盛んであるとは言っても、いまだに十分にその効果を社会に認識させるには至っていない。いわば女子教育の過渡期であるから、その道に携《たずさ》わる者は、その良し悪しをよく議論し講究しなければならない。まして昔の「腹は借りもの」つまり母親の胎内は一時的な借りもので、子供の貴賤は父親の素性によるものだというようなことは口にすらすべきではない現在、また言ってはならない現在であるとすれば、女子はまったく昔のように劣った者として蔑み、嘲りもてあそぶような見方をすることはできない。

女性に対する態度をキリスト教的に論じて云々することは別としても、人間の真正な道義心に訴えて、女子を道具のように見てよいものだろうか。人類社会において男子が重んじるべきものとすれば、女子もやはり社会を構成するうえで、その半分の責任を負っているのだから、男子と同様に重んじるべきではないだろうか。すでに中国の先人も「男女室に居るは人の大倫なり」と言っている。

言うまでもなく、女子も社会の一員で、国家の一成員である。そうであれば、女子に対する旧来の侮蔑的な考えを捨てて、女子も男子と同じ国民として才能、知恵を開かせ、ともに助け合って物事を成し遂げるならば、これまで五千万人の国民の中で二千五百万人しか役に立たなかったものが、さらに二千五百万人を活用できることになるではないか。

これは大いに女子教育を盛んにしなければならないという根源論であり、今や日を追って女子教育が盛大になっていくのも、まったくここに起因することだと思う。このように見てくれば、女子教育が必要であることには明らかな理由がある。だから私は女子教育不要論者に味方することができず、同時に女子教育必要論を大声で叫びたいと願うのである。

# 女子教育の本領

## 弊害《へいがい》を見て恐れてはならない

前回、女子教育の必要性について述べ、不可欠である理由を説いた。しかし、まだ教育方法までには及ばなかったので、ここでは主として女子の教育方法について論じ、どのような教育を行なえばよいかという点について私見を述べてみたい。

日本の女子教育は長い時代の習慣から脱して、急に大きな発展を遂げようとする時代に直面している。だから、この説を述べようとするには、不謹慎な言葉を吐いて世の中を惑わすようなことがあってはならないと思うが、私の信じる案としては、ある部分の学科を除く以外は男子と同じような教育を行なうことが必要だろうと考える。したがって私は女子大学の必要性をも感じ、女性に高尚な学問を授けることにも賛同するのである。

世間で女子教育を批判する人々が口実として言うことを聞くと、「女子に高尚な学問をさせると、いたずらに虚栄心ばかりが強くなり、ハイカラ、つまり着飾ることばかりに熱心で、生意気な、知らないことも知ったかぶりをする女となってしまう。だから女子で尊ぶべき道徳というようなものは、教育をさせたためにかえってなくなってしまうのだから、無教育で家族や親戚以外とは話さない女子と比較すると、教育をさせた女子のほうが性格的にはるかに劣るようになる」と言っている。

けれども私は、このような論者の説を肯定することができない。どうしてかと言えば、これは女子教育の弊害ばかりを見て、その功を忘れるという間違った議論であるからである。教育を受けた女性でも従順な人はどこまでも従順で、そういう性格の人は教育の効果によって一層、玉に光を添えたかのように見えるものである。もし学問を学んだために生意気になり、ハイカラになり、虚栄心が助長されたような女性になるならば、学問をしなくともやはりそれ以上のおてんばとなり、見るに耐えないものになってしまうだろう。これは、ある程度までは教育が及ばないところで、性格がそうさせるのである。

これら悪い部分の例ばかりをとって、学問を身につけた者を攻撃するための材料にするのは、非常に考え違いではないだろうか。イギリスの女性が参政権を云々して政府に対する示威《じい》運動を試みたり、夫に浪費を勧めたりするアメリカ風の虚栄心が強い女性の弊害を見て日本の女性を教育すれば、ついにそうなってしまうと思うのは、早計もはなはだしいと言わなければならない。こういうことを言う人は、なぜ教育を受けた女性の長所に目が止らないのだろうか。

## 荀子《じゅんし》の言葉を借りて反対論者を警告する

要するに女子教育反対論者の眼に映るものは、すべて女子教育に伴う弊害ばかりである。女子に学問させなくても女子に伴う弊害は必ずあるもので、学問をさせたために一層その弊害を助長させたというようなことは決してない。もし女子に関する弊害を拾い上げるのであれば、男子にも同じように多くの弊害があるものである。しかし弊害があると言って、男子に教育させずにおくことはできないではないか。

荀子《じゅんし》※①の言葉に「馬逸《いっ》するが為に天下馬を罷《や》めず、舟覆《くつがえ》るが為に天下船を廃せず」ということがある。これは弊害を認めても、その効能は捨てられないということを述べたものだが、すべての大きな効能には必ず若干の弊害が伴うものである。女子教育もそのとおりで、弊害によって効能を憎んで見ることは、すなわち荀子の言葉が的中することになる。女子教育反対論者は、この句によってよく反省すべきだと思う。

【註】※① 荀子◆中国戦国時代に活躍した趙の思想家（紀元前二九八～紀元前二三八頃）。孟子の性善説に対して性悪説を唱え、またそれまでの諸子の学を大成し、儒学を倫理学から政治学へ発展させた。

## 女子教育の実質

さて、女子に学問をさせること、女子を教育する必要があることはもちろんだが、どのような実質的内容によって行なうかということは一つの難問題である。もともと女子には男子と異なった特性がある。この特性があるために女子は女子らしくして、男子と区別されるものなので、いかに学問をしても、この特性を失ってしまうようなことがあっては、教育はかえって有害で無効なものとなる。

特性とはすなわち前回にも述べたように、貞操、従順、優美、細やか、忍耐強いというようなもので、これらの特性を完全に備えている女子が本当の女子であろう。だから私はこの特質の教育に重きを置いていた幕府時代の「女子学」的な教育を廃棄しろというのではない。女子に対する東洋的な教育は、現在でもその性格のうえでは必要なものがあり、決してそれらの点について反対はしない。

けれども昔の女子教育は単に性格のほうばかりに重きを置き、道理とか知恵などの方面についてはほとんど留意されていなかった。私はこの点に対して非常に残念に思うのである。かつて福沢諭吉先生が「新女子大学」を著し、この点について論じられたことがあり、私も先生の説に対して大いに同感である。要するに私が理想とする女子教育の本領は、男子とほぼ同様な学問をさせて知恵を磨かせると同時に、古来女子として尊敬されてきた女子の特性を発揮させる点にあると考える。

だから女子にも高等の学府を設けて、男子同様に最高の学問を研究する機関を作る必要があるのだ。そして私がこれまで虎ノ門の女学館を世話してきたのも、また成瀬仁蔵氏が校長をしておられる日本女子大学校の経営に助力を惜しまないのも、その趣旨があるからである。

## 女子大学必要論

しかし女子で教育を受ける者は、甲も乙もみな女子大学に入学させたいという意見ではない。女子大学の設置を希望するのは、女子教育上の順序として必要であるというまでのことで、誰も彼も女子大学に入学させなければならないというのではない。それは、ちょうど男子に大学はあっても、十人が十人みな入学するのではないのと同じである。女子が学問をする場所として、高等学校以上のものがないというのでは、あまりに女子を侮辱している。たとえ女子であろうとも、学ぼうと思うのであれば大学もあるということでなくては、現在の時勢と釣り合わないではないか。

そして女子大学に入学するほどの者は、女子の中でも学力が優秀、抜群な人物で、才智があることはもちろん、身体も健全で資力も十分それに伴っていなければならないと思う。言い換えれば、女子で選り抜きの者が女子大学に入学すればよいので、それらの条件が備わっていない者が大学まで進みたいというのは考えものだろう。つまり私は女子大学に入れと勧めているのではない。ただ女子大学不必要論者のために女子大学が必要である理由を説いているのである。一般家庭の主婦としては高等女学校ぐらいで足りることだと考える。

さて、女子大学で授ける学科はどんな程度のものにすべきかというと、前にも述べたとおり、ある科目を除けば男子と同様、同程度のものを教えて差し支えないと思う。女子という特性から考えて、工学のようなものは女子の体質上耐えられないものだろうが、その他の文学、法学、科学、医学、商学などを研究するうえでは男女を区別することはなく、また女子にも必要なものであろう。だから私は女子に対しても高等の学問を志す者には、その程度においても男子と同じにしてよいと考える。

以上は、私の女子大学に対する抱負である。さらに私は、参考として次に欧米の女子教育に関する見解を述べよう。

## 欧米の女子教育

五、六年前のことだった。日本女子大学にヒューズというイギリスの女教師が来た時、「イギリスでも三、四十年以前はやはり日本と同様、女子教育の混沌時代であり、甲が良くて乙は悪いの議論が盛んに起こって非常に騒がしかったが、そういう時代を経過して初めて現在のような教育ができるようなった」と氏は語られた。この話から察すれば、どこの国でもそういう経緯はあると思われる。

また最近、シカゴ大学のグードという人が来ていろいろと話されることを聞いた。このグード氏は私が前年、実業団とともに渡米した時、政府から選ばれて三カ月間親切に自分たちの案内者となってくれた一人である。この人の話によれば、「アメリカでは古くから開けたニューイングランドとかマサチューセッツなどの地方では、男女の教育に高低の差があり、女子大学のようなものも遅々として進まないが、それに対して新開地である中部や西部の諸州では、男女の教育は同様で、その間にはほとんど差別はない。もっとも女子には工学のようなものは除いてあるが、その他の科目については差別や階級をつけず、男女ともに共学させている。そしてまた、共学させても差し支えないと信じる」ということであった。

共学については私も先年、実地に見て大いに疑問を持ったことで、第一に風紀の問題、第二に男女の性質の違いから想像してどんなものか、ということを考えた。ところがウィスコンシンやミネアポリスなどの諸大学で説明されたところによれば、それらの点については別に心配はいらないという話だった。

第一の風紀というような点に対しては、もし問題が起これば大人数の社会的制裁があるので思ったほどのことはないし、もし男女が相愛して夫婦になれば、それはじつに結構なことである。また第二の性格については、科学、数学のような緻密な学問はいく分か女性のほうが劣っているようだが、文学、美術、法学、地理、歴史などに至っては、大学者となる者は別として、大学を修める程度であれば差し支えないとグード氏は同様の答えを得たという。

## 女子教育に対する私の抱負

もちろん、アメリカの風習は日本と同じではないので、アメリカがそうであるからと言って、日本もすぐにそれに倣ってそうしなければならないということではない。とくに男女共学については、日本はアメリカのように楽観することはできないと思う。

しかし、英米二国の例に照らして、その新旧両者の女子教育に対する姿勢を比較すれば、私の女子大学必要論も悪い持論ではないことが明らかになるだろう。だから私は今、日本女子大学のために自分相応の力を注いでいるつもりである。とはいえ、私に大資産があるわけでもないから、全力を込めてこれをどうこうするということはできないが、将来は強固な発達を成し遂げさせたいと思う気持ちがある。

前にも述べたように、私が先に虎ノ門女学館に力を注いだのも、一つは女子教育を発達させたいという老婆心《ろうばしん》からであった。現在、日本女子大学校に対して援助者の側に立っているのも、やはり精神はそこにあり、また一つには校長である成瀬氏の熱心さに動かされたからである。

とにかく女子教育の最終的な目的は、良妻賢母を養成することにほかならないから、教育の任にあたる者は、この的を外さないように心がけ、学問を学ばせるとともに、女子の特性を十分に発揮させるようにしてもらいたい。これは本当に、こんにち以後の理想的女子教育であろうと信じるのである。

# 理想的な妻の条件

## 理想とはどんなことなのか

だいたい女子に対して優美であること、従順であることを尊ぶのは自然の理であって、人情の上から見ても、道理の上から見てもやむを得ないことである。美しい女性、たとえば花の姿、月の顔にも似たような美貌のある人は誰でも望み願うところで、確かに女性に対する理想の一つに数えることができるだろう。しかし誰でも望むとはいえ、これは外形から思うことである。要するにそのままであるよりは、少し化粧をしたり衣服を整えたりして容貌を良くすることはあるが、結局、修養の力が薄いものである。これに対して形以外の精神のほうを見ると、容貌が固定的で先天的なのとはまったく反対に、どうにでもなるものである。つまり善にもなれば悪にもなる。七情《しちじょう》※①の動かし方、意地の持ち方などについて悪を善とすることができ、また善を悪に買えることもできる。だから女性に対する理想としては、先天的で変わることがない容貌上のことを望むよりも、心の持ち方一つでどのようにも変わりうる「行ない」のほうに対して多くを望まなければならない。言い換えれば、理想的な妻としては、容貌よりも心の持ち方に重きを置かなくてはならない。

【註】※① 七情（しちじょう）◆七種類の感情。「礼記（礼運）」では、喜・怒・哀・懼（く）・愛・悪（お）・欲、仏家では、喜・怒・哀・楽・愛・悪・欲。

## 時代に伴う女性のあり方

世の女性に対して、理想として望む姿を一言で言えば「良妻賢母」ということになる。

では、良妻賢母とはどういうことなのか。誰でもよく口にするが、その意味を問われれば、明確な返答をするのに苦しむ人が少なくないだろう。本当に良妻賢母の意味には苦しむ。辞書で引いただけでは、こんにちの良妻賢母の正確な意味はわからない。私は時代の移り変わりとともに、良妻賢母の意味も変化していくものだと考える。

いや、良妻賢母だけが変化するのではなく、仁義忠孝も少しずつ時代につれて変化するものである。たとえば広く世の中に知れわたっている、かの「二十四孝《にじゅうしこう》」※②という童話のようなものは、最も適切にこの事実を説明しているだろう。郭巨が親孝行するためにその子を土の中に埋めようとしたら黄金の釜を掘り出したとか、王祥が厳寒中に鯉をつかまえようとして硬い氷の上に裸で寝ていたとか、孟宗が雪の中で筍を掘ったなどという話は、こんにちの人の頭で考えてみれば、まったく感心できないことばかりである。どうしてかと言えば、いかに孝行のためとはいえ、子供を土の中に埋める前に、もっと分別が働きそうなものではないか。また鯉を獲る前に、もし凍死したらどうするのか、孝行も理屈を狭めてみれば結果的にそうなるのだろうが、彼らが行なうことはいかにも知恵がなさすぎるように思われる。

だから、これを文明社会の孝行と比較すれば非常に稚拙なものだという評価を下すことができるわけである。すべて世の中が進化し、文明の時代になるにしたがって、仁義忠孝も時代につれて変化していくもので、女子に対する理想も、この理にもれないのだろう。

【註】※② 二十四孝（にじゅうしこう）◆中国で、古く親孝行であったという二四人。虞舜、漢の文帝、曾参・閔損・仲由・董永・子・江革・陸績・唐夫人・呉猛・王祥・郭巨・楊香・朱寿昌・黔婁・老莱子・蔡順・黄香・姜詩・王褒・丁蘭・孟宗・黄庭堅。異説もあるが、日本の御伽草子や浄瑠璃の素材となった。

## 女子学と新女子大学の思想

たとえば貝原益軒の「女子学」は、昔でこそ唯一の女性の道、あるべき姿を示した教科書だっただろうが、もはや現在では、あのままの内容では満足せきないものになってきた。だから福沢諭吉先生は「新女子大学」というものを作られ、益軒の「女子学」に足りない点を補い、時代と調和した女性のありかた、形式を示されたのだった。

しかし、私の考えでは、福沢先生の「新女子大学」にもまだ足りない点があると思う。それは忠孝の考えがやや薄いのではないかということである。もっとも「新女子大学」が出た頃は維新後を受けた思想界の混乱時代であり、かつては楠正成の湊川での戦死と下男権助の自殺※③とが同様であると見なしたような時代だったから、先生が忠孝思想にあまり重きを置かれなかったのも、かつての時代にあった弊害を矯正しようとしたためだったかもしれない。

とにかく先生は、その頃行なわれていた「女子学」の考え方は狭く、新時代に適応する道徳ではないという点に着眼されて、それを改めるために「新女子大学」を書かれたのだから、旧来の東洋思想を打破する結果になったのはしかたないが、忠孝や仁義などの精神を軽んじたのは、あるいは間違いだったのではないか。私は「新女子大学」が教える内容だけに従えば、ついには貞操で道徳心のある女性がいなくなってしまうのではないかと疑わないわけにはいかないのである。

【註】※③　下男権助の自殺◆福沢諭吉は「学問のすすめ」の中で、主君のために自分の命を犠牲にする義

士の討死と、主人の命令を守れず主人の金をなくして首をくくった楠正成の下男権助の死を同様のものとし、新しい文明の世の中では無益なものであると論じた。しかし世の中からは、英雄として伝えられた楠木正成の討死と権助の死が同様に扱われたと解釈されて批判を浴びた。

## 私が考える良妻賢母

以上に論じたことをあれこれと汲み取って考え、ここで私が理想とする良妻賢母に必要な条件を挙げれば、第一に女性としてふさわしい容姿であることは言うまでもないが、さらに知識があること、貞操でありしとやかであること、行ないや心配りなどが細やかであること、優しく美しいこと、上品であることなどの条件は欠かせない。

容姿はほとんど先天的なもので、持って生まれたものを修養して変えることはできないが、美醜好悪がどうであるかにかかわらず、女性らしさに反することのない容姿を保つことは、ある程度まで本人の心がけしだいではないかと思う。いわゆる「女性のたしなみ」

ということは、容姿を保つために言われていることだと思う。

「形はどうでもよい、心さえ立派であれば」とよく言われるが、女に生まれながら容姿に気を配らず、男だか女だかわからないような格好をしているならば、たとえいかに心が立派でも、やはり変わった女性であることに変わりはない。心が立派であると同時に、外形もできる限り気配りすることは、女性としておろそかにしてはいけない問題である。

次に知識が備わっていることが必要であるというのはもちろんだが、知識を身につけるには、まず学問を学ぶ以外に方法はない。しかし、女性が学ぶ学問は、男性が学ぶのと同じにはしたくない。男性でも物知り顔をする人は嫌われるものだが、男性は時として引っ込み思案なのを嫌う場合があり、必要に応じて出過ぎるぐらいにしなければならないこともある。

けれども女性はそれとまったく反対に、知りながらもなるべく知らないふりをしているほうが、かえって奥ゆかしい。その女性の親類や子供などには知識のある人として知られ、判断力のある人と知られていても、世間にそれを自ら吹聴するような性格の女性は望ましいものではない。とくにイギリスあたりの女性のように、議院に押しかけて参政権を与えよと絶叫するようなことは、日本の女性としてはまっぴらご免を被りたいものである。

しかし、慎ましやかな中に十分に学問があり、知識があるというのは大いに歓迎すべきことで、家庭を営んでいくうえで、また子供を教育していくうえで、今後の女性として是非ともそうでなくてはならないことである。だから前回、私が女子高等教育論を述べ、男子と同じように女子も教育をしなければならないということを主張したのも、まったくこの趣旨からだった。

もっとも女性の教育と言っても、もちろんその境遇、能力、資力などにふさわしい程度を考えて行なうのは言うまでもないことである。極端な例を挙げれば、車夫の妻が女子大学を卒業していても、それだけ努力した効果がないというふうに、すべて教育も身分や地位に相応したところで行なうのがよい。

## 貞淑、優美、優雅

容貌や学問、知識を別にして、女性にとって最も大切なことは貞淑さである。貞淑さは女性の命である。たとえ学問が身についていて知能が秀でているうえに花のような容姿を持った女性でも、貞淑さに欠けるところがあれば、まるで造花のように魂のないものである。貞操観が強く、上品でしとやかなことは、女性における車の両輪、鳥の両翼と言ってもよいほど価値のあるものである。古い東洋主義の「女子学」のようなものは、この点については十分に説明されていた。

それから女性としては、あくまで優美に、あくまで細やかに、また優雅なところがあって欲しい。優美で細やかで優雅なことも、形のうえのことではあるようだが、精神修養が十分でなければ表に出てくるものではないから、やはり女性らしく落ち着いた心を養うことが必要である。これらは非常に多忙な女性には求めることはできない点であるかもしれないが、たとえ多忙な中にあっても、常にこの心がけを失わないことが必要である。もし女性で優美、細やか、優雅などの点が欠けているとすれば、その結果は殺伐になり、多弁になり、傲慢になり、ついにはいろいろな悪徳に陥るようになる。

以上いくつかの点を総合して私が理想とするところを述べれば、貞淑、優美、細やか、優雅など東洋流の女性の特色は貝原益軒の「女子学」式に学び、知能の啓発は福沢先生の

「新女子大学」式に則れば、おそらく間違いないと思われる。今、両者を批評すれば、「女子学」は知のほうで欠ける部分があり、「新女子大学」には忠孝や貞操などの考えが足りない部分がある。両者ともに女性の行ないにおいて必要な点はあるだろうが、現在に適合した本当の女性のあり方にはそぐわないように思われる。

たとえ女性であっても、一個の人として社会を生きていく以上、個人主義をその標準にすることはできないので、国家が在り、社会があり、家族があることを認めたうえで取り組まなければならない。そうしてみれば、これら両者の「大学」は現在女性を教え導くうえで、ともにいく分かの欠点があるので、両者の長所を学び短所を捨てて、その中庸を取って女性の道の目標とすれば、非常に穏当なものができるだろうと思う。それによって養われた女性は理想の妻として恥ずかしくないもので、やがて賢母と言うことができるのである。

# 第四章　アメリカ視察

# アメリカ漫遊の九十日間　見聞篇

## 渡米の目的

我が実業団の一行五十四名がアメリカから招待されて旅行したのは、明治四十二年の秋だった。この旅行の目的と動機を簡単に言えば、先年、アメリカ太平洋沿岸の商業会議所代表者が来日した際、日本の実業家と非常に親しくなった関係から、さらに交際を深めたいとの趣旨で、その商業会議所が発起人となり、さらにアメリカ各地の会議所を勧誘した結果、各地のアメリカの人々が一致して日本の有力な商工業者の一団を案内しようということになったのである。

太平洋沿岸の八商業会議所を始め、ついに東部の諸州までが連合に加わり、アメリカ四十六箇所の実業家が我々を招待してくれることになった。そこで、この招きに応じた我々も責任が重くなった。単なる見物旅行のような気楽なものではなく、大げさに言えば日本の実業界を代表して日本国民の考えを伝え、またアメリカ実業界の情勢を視察するという大きな任務を帯びて出かけなければならなくなった。

さて、一行が出発しようとする際に有力者からいただいた送別の言葉は、第一に身体を大切にすること、第二に気持ちを常に快活にして健全を保つこと、第三に各地で日本の国情を十分に紹介することの三つだった。もちろん私は十分な決意で出かけた。要するにこの一行は、先年来日したアメリカ実業団に対して、我が官民が心から誠意をもって迎えた好意に報いる返礼なのだが、私はこれ以外にさらに一つ重要な意味を持つものであることも知っていた。それは日米間における相互の誠意をもった付き合いを深めるということである。

アメリカと日本は太平洋を隔てて相対しており、常に同じ方向に向かって商工業の手を伸ばしていかなければならない立場である。たとえば中国方面におけるように、その利害を痛切に感じあっているので、いきおい競争状態となることは免れない。しかし、これは商工業の発展が互いに国是である以上やむをえないことであり、孔子の「仁に当たっては師に譲らず」と同様、あくまで勝利を手にするように競争しなければならない。

ただ、このために誤解を生じさせて感情を損ねたり互いの付き合いを壊すようなことがあっては非常に残念である。これを避けるには、常に意志の疎通を図り、互いに誠意、真心を表わして心を合わせて取り組む方法を講じなければならない。

私たち一行もこの基本的な精神を彼らに伝え、誤解を予防するとともに、彼らが説く真相をも我が国の国民に伝えて、互いの感情を融和させたいという決意をもって行かなければならなかった。

## 私の決心

もともと私は年齢からしても、また健康からしても、とくに外国語に熟練していない点からしても、その適任者ではないので、最初に外務大臣から話があった時に辞退したのだった。ところが、その後の成り行きを覗ってみると、せっかくの招待に応じる人が非常に少ない。

当時、私は青年だけでは軽く見られるので、この機会に我が実業界を代表する長老格がなくべく多く奮って参加してくれるように祈っていたのだが、どうにも願いがかないそうもない。かくなるうえは、先方の好意を無にするようなことになりはしないかと心配し、ついに決心してこの一行に加わることを承諾したのだった。

しかし私には前述のようないくつかの欠点があるだけでなく、おまけに舟に乗るのが大嫌いだから、出発に際してはそれも一つの難問となり、私の体力や健康からみて、往復日数を差し引いても九十日間に五十箇所に余る都市を回ることができるだろうかと懸念した。私にとっては、寒中の登山どころの苦労ではない。けれども一面から考えれば、これは国家的な旅行である。私は若い時に徴兵に行かなかったが、今はその代わりにこの役を務めようと考えた。骨を埋めるのは何も墓場だけとは限らないだろう、といった決心で出かけたのだった。

## シアトルでの歓迎

八月十九日に横浜の埠頭を離れ、長い道のりの航海を無事に終えて同月三十一日、シアトルに着いた。上陸したのは九月一日だが、その歓迎ぶりはじつに予想外のものだった。上陸して最初の歓迎だから、その模様がだいたいどのようなものだったかを述べれば、ここに我々一行を招待してくれた実業家は言うまでもなく、他の市民までが熱狂的に歓迎してくれた。宴会が盛んに行なわれ、演説が交換され、私など英語の通じない者でさえ、互いに言葉こそわからなくても、熱意と真心のある友情が互いの心に通じ合って非常に愉快だった。

シアトルではちょうどアラスカ・ユーコン博覧会が開催されており、我々一行の到着後、「日本日」というものが設けられ、一行はそれに招かれて大いに歓待された。この日はとくに暑さが厳しく、黄色い土煙がもうもうと空高く舞い上がる有様であり、それに加えて五十台以上の自動車を連ねて会場に向かったのだから、帽子も服も激しく埃だらけになった。暑いうえに無蓋自動車つまりオープンカーだから、その苦しさは並大抵のものではない。それも全速力で走れば暑さだけは避けられるだろうが、シアトル市民は棚のように折り重なって我々一行を歓迎してくれるのだから、自動車なのにそろりそろりと練り歩くのと同じことだった。自動車の行列もずいぶん壮大なものだが、我々日本人の眼からはやはり牛に車を引かせるほうが趣きがあるように思われる。

このようにして会場の各地を見て回り、その後にたび重なる晩餐会があり、さらにその夜は大規模なレセプションがあった。一行は歓待に歓待を重ねられてこの地に五日間滞在し、それから汽車で旅行することになった。

これから先のことについて、我々はシアトルで九十日間の旅行プログラムを贈られて驚いた。十日や二十日のプログラムなら我慢もできるだろうが、前後三カ月にわたる長期間となっては、日本人のような勝手気ままな生活に慣れている国民にはなかなかの苦痛である。私は、倒れるようなことがあってもしかたない、という覚悟を決めなければ、とうてい我々の旅を終えることはできないと思ったのである。

## 動く家

シアトルを出発したあと、タコマ、ポートランド、スポケーン、アナコンダ、グランドホーク、ウィスコンシン、フィラデルフィア、ワシントン、セントルイス、デンバー、サクラメント、ロサンジェルス、サンチャゴなど主な郡市その他、多くの市街を経て十一月二十六日にサンフランシスコに到着するまで、一万里の大旅行を続けたのだった。

特筆すべきことは、この大旅行では終始同じ汽車に乗り通したということである。この列車は今回の一行のために、ある鉄道会社に特約して借り入れたもので、すべての設備が完全に整えられていた。一部屋に二人を割り当てられたが、この部屋には上下に二つの寝台があり、台をたためば対座できるようになっている装置もあり、ほかに洗面台も便所も備えられて、ほとんど何一つ足りないものはない。

一つの車両に五部屋ずつあり、それが六車両連なり、そのほかに付属車両及び食堂車、荷物車、観覧車などがある。荷物車には一行の荷物を積み込み、必要に応じていつでもその荷物の出し入れができる。最後に連ねたオブザベーションカー、すなわち観覧車は立派な談話室であり、窓を大きく作って眺望が利くようにし、車両の端のデッキは開け放しにして十人くらいが椅子に座って周囲の風景を楽しめるようになっている。何のことはない、いわば動く家なのである。

仮に一行五十余人が各地で汽車を乗り換えるとしたら、その面倒と混雑とは大変なものだったろうが、すでに列車が我々のホテルになっていて、各自の居間が一部屋ずつあるのだから、その便利さによって煩わしさが避けられたのは、このうえなくありがたいことだった。汽車とはいえ、我々が行きたいと望む全国の至るところで停車し、一行がホテルに泊まり、また見物している間は、いつまでもそのまま停車場で一行の帰りを待っていてくれるのであり、歓迎会が済めばすぐに我々は列車の中へ帰ってくる。

別に荷物を運び換える手数も心遣いも必要なく、そのまま甲の都市から乙の都市へと移動することができるので、その好都合なこと、愉快なことは言葉では表わせない。もともとアメリカの鉄道は民間経営なので、このような設備を整えることは困難である。それなのに、これほどまでに設備を整えてくれたことからしても、いかにアメリカ人が我々を歓迎しているかがわかるのである。同時に、アメリカ側委員の苦心のほども察することができたが、これくらいにしなければ、とても限られた期間内にあれだけ各地を訪問することはできなかっただろう。その代わり、非常に忙しかったことも言語に絶するほどだったが。

私は普段から一分間でもぼんやりしていることを好まず、用事がなければ読書や談話などでちょっとの時間も休まないから、自然に多忙なことには慣れているが、強制的に多忙にされたことはやや苦痛であった。もっとも最初から徴兵の覚悟で出発したので、このくらいのことは大したことはないと意に介さないようにしていた。

## 熱狂的な歓迎

じつは渡米以前から多少気にかかっていたのは、その待遇がどのようなものだろうか、ということだった。太平洋沿岸の各商業会議所は前年、日本に招待したこともあり、今度の招待もその返礼の意味が含まれていることだから、相当に待遇するだろうとは思った。

しかし、アメリカ中東部の人はそれに反して、かつて日本に来たというわけでもなく、日頃取引の浅い地域でもある。いわば今回は勧められて招待の仲間に入ったのだが、果たして相当に歓迎してくれるのだろうか。我々としても個人の旅行ならばともかく、国家を代表して来た一行がもし不十分な取り扱いを受けたとすれば、母国の名誉として非常に嘆かわしいことだと、私は密かに気遣っていたのである。

ところが実際はそんな懸念とは大違いで、至るところでほとんど競争でもするかのように花も実もある歓迎を受け、最初の懸念はまったくいらぬ心配だったことを喜んだ。そればかりか、なぜ自分たちは各地でこれほどまでに持てはやされるのだろうか、どうしてこのような丁重な尊敬の念と、親切な待遇を受けるのだろうかと、むしろそれが疑わしいほどに心の底から感謝の思いに耐えないのだった。

それとともに、私はこれも要するに母国の名誉のお蔭であると思うと、恐れ多く、また愉快に感じ、この丁寧で親切な歓迎の模様を早く日本の国民に知らせたいと思い、そのため懐郷の思いに駆られることなどもあった。だから私は、帰国してからこの事実をできる限り詳しく国民に紹介し、社会に伝えることに務めた。これはすべてアメリカ人の好意に報いることにもなり、また我々が渡米の責務をまっとうすることにもなると思ったからである。

何しろ歓迎の模様はほとんど熱狂的で、各地を通じてみな同様だったが、とくに小都会に行くほどその思いが熱烈だった。小都会は今回の訪問の道程に加えられたことを深く喜び、土地の光栄として感謝する意味もあったらしい。一行が着くと小学校の生徒が手に手に日章旗を振りかざして我々を迎え、拍手し、ハローと叫ぶ様子は一層身に染みて嬉しかった。夜に到着してその夜のうちに出発した小さな町などは、なぜもう少しゆっくりしていかないのかと恨み、土地の有力者は観覧車に来て握手を求めたが、場所が狭くてとうてい大人数に接することはできなかったから、「プラットホームでレセプションをしたい、ぜひ渋沢に出てきて欲しい」と言うので、私は三、四人の人々と下車し、至るところで山のように団体を作っている人々に会釈すると、彼らは拍手してハーローッ！と叫ぶ。

ただこれだけなのだが、市民の熱心さは偉大なもので、とくに何か来訪の記念になるものが欲しいというので、何枚も名刺を渡したが、最後には列車の扉に貼り付けておいた各自の名刺までが剥ぎ取られてしまうほどだった。乱暴と言えば乱暴に違いないが、変わったことが好きなのか、情緒が熱烈というのか、とにかく盛大なものだった。

## 握手に忙殺される

一行の見物は都市の大小によって滞在日数も同じではなく、朝着いて一日を見物または宴会で過ごして、夜の十二時か明けて午前一時に出発することもあれば、二、三日滞在することもある。シカゴは四日、ニューヨークは十日というように、都会によっておのおの異なっていた。

歓迎については、たいてい同様であり、各地では一日くらい前に代表者を送って一行の汽車に乗り込ませ、我々とともに到着後についていろいろと打ち合わせをする。一行が駅に着くと数十台の自動車が停車場の前に待ち受けていてくれる。人口の少ない町でも三、四十台の自動車をそろえて決して乗物が足りないということがなかった。そして、この自動車はいずれも個人の自家用車であり、その土地土地の歓迎委員が所有するものを出してくれたのである。

停車場に行くと、我々はこの自動車で見物に行く。工場、学校、病院、公園などを回り、その間にレセプション、昼食会などがある。レセプションでは、一行が整列している前を土地の有力者が来て順番に誰々であると名乗って握手し合い、その後にお茶が出ることもあれば立食となることもある。何百人と握手することになり、中には非常に堅く握る人もいるので、握手と言っても一日の仕事として十分なものであり、しまいには指が痛いという人も出てきた。

州庁所在地の主人側として、いつも州知事や役人、市長その他、土地の堂々たる名士が必ず出迎え、広間に来て握手する。これらの人々はとくに都合がつかない以外は必ず出席され、また上下両院議員などもその居住地で開かれた宴会には欠席者は少ない。こんな具合で、ミネアポリスでは巡回中の大統領タフト氏と会見し、セントポールではジェームス・ヒル氏に、クリーブランドではロックフェラー氏に会った。その他、大使、前州知事、前国務大臣などと会ったことも多くあった。

## グランドホークの自動車

自動車のことと言えば、こんな話がある。グランドホークは人口わずかに一万四千人に過ぎない小都市だが、農場を見てもらいたいと親切な申し出があったので立ち寄った。いかにも小さな市で歓迎のためとしては別に装飾などもしていなかったが、我々が到着するとすぐに五十三台の自動車を寄せて、自動車の持ち主が客をそれぞれに分けて同乗させて農場へと案内した。そして一時間三十マイル、つまり時速五十キロ近い速度で畦道を走らせたのだが、畦道の幅が七、八間、つまり十三、四メートルもあるとは、いかに土地が広いアメリカでも驚かざるをえない。このことによっても、すべてにおいて規模が大きいと察することができる。

町に入ってからは、土地の小学生が我々一行を歓迎してくれたので、大いに愉快だった。そこにある公園のクラブで立食の宴会があった。その時、私は謝辞を述べて「非常に失礼なことを言うようですが、この小都市で五十数台という自動車を集めて我々を出迎えてくだされたことから考えても、みなさんのご好意を知ることができる」と言った。ところが宴会が終わったあと、歓迎者の一人である某夫人が我々一行の一人に向かって、「渋沢さんは五十三台の自動車を集めることに骨折ったと思っておられるようですが、この町の自動車を全部集めようとすれば、すぐに二百八台を集められます」と話したそうである。私の考えとしては、一万四千人の人口に比べれば五十三台の自動車は分不相応に多い。人口二百万人の東京市でさえ、その頃は百台足らずだったから、私のこの演説は苦心してお世辞を述べたつもりだったが、思えば飛んだ失敗をしたものである。

ここでは、青刈りの玉蜀黍《とうもろこし》を機械の力で高いところに持ち上げ、空気の力でこれを圧搾して貯蔵する設備を見た。これは秋に青刈りのものを積み込んで熱が発しないようにし、青く水分を含んだまま翌春まで貯蔵し、それを家畜の餌にするのだとのことだった。また燕麦《えんばく》の収納場も見た。我が国で言えば、単純な収納場にすぎないが、その規模はアメリカ式に壮大なものだった。

## モンタナ州の銅鉱とミネソタ州の鉄鉱

モンタナ州にはアナコンダとビューテの二大銅鉱がある。アナコンダの精錬場には高さ四百フィート、つまり百二十メートルほどで世界一という大煙突が立っている。付近の各精錬場から出る煙はすべて煙道でこの煙突に通じており、ここから空に噴き出す装置なのだが、これは鉱毒予防のためで、一定の高さから出る煙毒ならさほど影響はないということだろう。

これを遠くから見れば、白煙がもうもうとして立ち上り、まるで噴火山のようである。精錬場では鉱石を砕いて水で洗い、大小や良否を区別する作業から、溶鉱炉で溶かして銅の液体になったものを型に鋳込むまでの作業を見たが、ただもう壮大というほかない。

モンタナ州の大銅鉱を見た我々は、ミネソタ州に入ってさらに驚くべき大鉄鉱を見て、アメリカではいかに天然資源が無尽蔵にあるかに驚かされた。ミネソタ州ヒッピング一帯は大鉱山であり、スチール、トラストの所有に属するものと、そうでないものとがある。

鉱山とは言うが山ではなく、一帯の大平原の地表から二、三十尺、つまり八メートル前後ほども掘れば紫色がかった土が出る。この土がすなわち鉄鉱であり、普通に見る鉄鉱石とは大いに形状が違う。

鉄の含有量はもちろん場所によって異なるだろうが、私が見たところでは、じつに鉄が六割も含まれているという驚くべきものだった。この山だけでも広さが三百六十エーカー、つまり百五十万平方メートル近いということになるが、このような鉱山が付近に三十六箇所あるとは、まるで嘘のような話である。

## 鉱石の精錬装置

鉱石は土のようなものだから、その採掘には真の鉱石を掘るような手間はかからない。まるで鬼の首のように大きく口を開いた恐ろしい機械が、蒸気の力でこの土をざくりと掘ってその口にくわえる。くわえると、その口が塞がって、また機械の力でずうっと貨車のほうに運ばれ、口を開いて鉱土を貨車に吐き出すのだが、この機械十三杯で一つの貨車を満たすようになっている。精錬場はそこから数百里の遠距離にあるから、これを汽車で運搬する。この運搬貨車は一列車に六十車も連結されていて、シューペリオールの湖畔にあるダルーズというところに送られ、そこからさらに水路でシカゴ、ピッツバーグその他の溶鉱所に送って銅や鉄に精錬される。

そして、この貨車から舟に移す装置がまた壮大なものだった。それは鉱土を積んだ列車がシューペリオール湖畔に来ると、大桟橋が三つあるが、列車はこの桟橋の上に進んで貨車の底を開くと、鉱土は桟橋横の穴から大きな樋《とい》を通じて下に落下する。桟橋の下には特殊な形をした汽船が待ち受けていて、これを巧みに受け入れる仕掛けになっている。そして桟橋と船との距離は非常に高く、規模の壮麗なことは筆舌に尽くしがたい。

この汽船は一万トンの積載容量があり、わずか四時間で積み込みが終わる。また桟橋の片側にはこれと同じ大きさの船が六隻も横付けされているというから、その仕事がいかに大規模かつ迅速であるかが察せられよう。

私は最初、アメリカの五大湖だけは景色はともかく、生産力としてはまったく役に立たないと思っていたのだが、今この湖水を利用して鉱土を運搬するのを見ると、その利用価値が大きなことに驚かざるをえなかった。聞くところによれば、ナイアガラの滝も、その水力を利用して百万馬力前後の電気を起こす計画が立っているとのこと。我が国の状態に比べ、この国が天然物を利用することに巧みであることを思い、無量の感慨に打たれざるをえなかった。

## 徴兵に行った意気込み

一行は各自専門の職業に応じて調査の分担を定めていたので、私もその本職から銀行関係を詳細に調査しなければならなかったのであるが、及ばずながら団長の任務を帯びていたので、とくに一つの方面について詳細な調査をすることができなかった。これも無理のない話しで、九十日間という長い日数をこうして動き回ったのだから、なかなか多忙に負われて研究や調査の時間など見出せるはずがない。

もともとアメリカ人は一分間もぼんやりとしていられない国民である。この国民がこの旅行を規則的にプログラムを組んだのだから、無駄なく組まれているのは結構なのだが、漫遊という点から見れば、人はいつでも、それほど健康状態が続くものではないから、気分がよくない時はこの決まりに従いたくないと思うこともあった。だから一行の中には、あまり宴会や見物が立て続けにあるので、少し休んだらどうかと言う者もいなくはなかった。

しかし私はもちろん徴兵に行くつもりで一行に加わったので、どんな苦労にも先頭に立って当たる覚悟だったし、またせっかくの先方の好意を無にするのは忍びなかったので、務めて任務をまっとうすることに専念した。毎晩の宴会とは言うものの、何も一席で二度も三度も食事をしろというのではないし、苦労と思うからこそ辛くもなるが、愉快に気を奮い起こして行動しようと思えばできないこともないと言って、七十歳の私がかえって一行を慰め、励ましたくらいだった。幸いまことに一行も努力勉励し、一人も病気になることなく五十四箇所の訪問を成し遂げたことは、私が最も愉快に思うことだった。

見聞したことを話せば限りないことだが、それは今さら私が物珍しげに説くまでもなく、いくつもの書物などによって詳しく説明されたものがあるから、このくらいにして、私はこの見聞とは別に私個人の感想を述べたいと思うのである。

# アメリカ漫遊の九十日間　感想篇

視察中、最も羨ましく感じられたのは、アメリカはどこでも天然資源に恵まれていることだった。オレゴン州、ワシントン州あたりの森林は、天地が創造されて以来、いまだに斧や鉞《まさかり》が入っていない。気候が適しているのか、土地が肥沃なのか、太く真っ直ぐに伸びた大木がすべて天を指すようにしてそびえ立っている様子は本当に壮観である。

また、アナコンダ、ビューテの二銅山やヒッピングの鉄鉱など、これらを見るにつけても、いかにアメリカが無限の天然資源と無尽蔵の富を占めているかということに、ますます垂涎の感を禁じえなかった。さらにゲリーの製鉄工場を見てしまっては、その雄大な規模と、組織や設備に精緻で巧みな技術が応用されていることに対して、ほとんど人智の極致の力が発揮されているのではないかと思われ、驚嘆、称賛の言葉さえ見つからないことを恨む以外になかったのである。

これらについては、大勢でただわあわあ言って歩いていたので、すべてのことに細かな観察や詳しい研究などをしているひまがなかったのは非常に残念だった。けれども、これらの見学ではずいぶん大勢の人に会い、いろいろな会話も交えることができたので、アメリカ人の気質や性格について多少新たに理解できたところがないでもない。

また、さまざまな施設を見て、日本にもこれらをすぐに応用したいと思ったことも少なくない。今さら述べるまでもなく、その国の人情や風習を理解しておくこと、新しい施設を知っておくことは、互いの商業において利益をもたらすことが多いだろうと思うので、二、三の感想を次に述べよう。

## 何ごとも大きいことずくめ

もともと大規模ということはアメリカの特徴である。すべてが大きい。段々と中央部のほうに行くにしたがって、地域は平坦になり、多くの人々は牧畜や農業を営んでいるが、その方法がまたじつに大仕掛けである。

しかし私は、この大仕掛けについては疑わざるをえない。あれで果たして適当に土地の生産力を活かすことができるのだろうか。土地に比例して人口がわずかな時代ならいざ知らず、もはや現代からすれば、あまりに経営方法が大雑把になり過ぎはしないか。アメリカの風習として、農業だけでなく何ごとでも大規模なのだが、その代わりにどうもやり方が大雑把に流れる嫌いがある。

つまり、アメリカという国柄は資金も潤沢、土地も豊かなことから、国民全体がこの豊かさに慣れてしまって、むしろ遠い前途を慮ることなどは忘れてしまって、ただ前に進もう進もうとしているだけのように見える。まるで富豪の家に生まれた子供に対して、無駄遣いばかりして健全な成長を顧みない親がいるように、アメリカ人もあまりに天の恵や富をむやみに使う傾向がありはしないか。

たとえば太平洋沿岸の森林のような場合、あまりに乱伐がひどすぎるようである。また鉱物の採掘なども、その方法が極めて大仕掛けだから愉快には違いないが、もう少し節約するように設備を整えればどうだろうかと思われる。いくら天然資源に恵まれている土地柄とはいえ、物には一定の限度があるのだから、これらを乱用し尽くした結果はどうなるのだろう。この点は明らかにアメリカ人の欠点ではないだろうか、と私は疑問を持っている。我が国の人々も、決して他人事と思ってはいけない。

## 交通機関の完備

交通機関の完備という点も、私は尊敬と羨望の思いに耐えなかったことの一つである。とりわけ道路を修復して自動車を盛んに運転することは、ぜひ我が国でもやってみたいものである。我々の旅行日数が九十日間であったにもかかわらず、約一万一千里、つまり四万四千キロほどの行程を走破し、大小五十余箇所の都市を回って数百回の宴会に出席し、各階級の人物に接して会談したことなど、ほとんど人間業ではないと思われた。

しかも、これは交通機関の完備という賜物があったからこそ成しえたことである。文明はじつに、世界の距離と時間を縮小させてしまうものである。昔は一か月かかった距離も今は数日で到達でき、以前は一か年かかった仕事も今は一か月で仕上がってしまうようになった。現にこの旅行なども、わずか三か月で済ませてしまったが、もし交通機関が完備していなかったら、あるいは三年間かけても、あれだけの見物をすることは困難だったかもしれない。すなわち三年の仕事が十分の一に縮められたわけで、したがって世界はそれだけ狭くなり、人の命はそれだけ長くなったということになる。

このように観察してみれば、交通機関の完備が我々の人生を、直接的にどれだけ補い助けてくれるか、ほとんど計り知れないものである。現在、我が国の鉄道はいまだに十分とは言えないけれども、さらに必要なのは、この鉄道と連結して交通を完備させる道路および自動車の設備を整えることである。これは必ずしも現在すぐに実行しろというのではない。また、それを強制しようにも、日本の国力が不十分な点もあるだろう。しかし私は、アメリカで自動車が数多く運転され、これに耐えるように道路が完備されているのを見て、さらにデトロイトで自動車製造が盛大に行なわれているのを見て、将来、我が国でも自らこれを製造して、多くの人々に利用される日がやってくることを希望してやまない。

# アメリカ人気質

アメリカ人の気質を一言で言い尽くせば、まず、がさつということである。快活で、無遠慮で、無邪気で、無頓着で、しかも非常に自信が強い彼らの行動を見れば、誰でもこのように評価するのをためらわないだろう。しかし日本人で、もしがさつと言われるような者なら、それには必ず乱暴とか、勝手気ままなどの振る舞いがつきまとうものだが、感心なことにアメリカ人に限っては、そういう様子は少しもない。であれば、彼らはどんなふうであるかと言うと。他人の前に出て、私は君よりも偉いと公言するくらいは朝飯前のことで、自分の仕事を自慢し、土地を自慢し、ひどい場合には自分の妻を自慢する。

現に、我々がある地域の紳士に連れられて自動車で郊外に出かけた時、その途中で紳士は突然、「これからアメリカで一番の美人をみんなさんにご紹介しよう」と言う。我々がみな奇異な思いに打たれていると、紳士はやがて自動車を自宅の門前に着けさせて、恭《うやうや》しく自分の細君を紹介した。もちろん、彼の家がさほど大きく立派というわけではなかったから、住宅の自慢をしようという趣旨でないことは明らかで、どこまでも細君を見せる考えだったらしい。

　また巡遊中、至るところで、この公園は世界一だの、この建築物は天下一だのと言って見せつける。ここではお世辞のつもりで「なるほど見事だ。おそらく世界一だろう」と言うと、彼らはいよいよ得意になって、いかにもこれは世界一だと言っている。このようにして私は、五十三箇所の至るところで世界一という言葉を聞かされた。

　また、あるところに行った時なども、たいそう立派な精神病院があると自慢話を聞かされたことがあった。大変立派な病院とだけ言うのならまだしも、自慢話に事欠いて精神病院を褒めるに至っては、いわば精神病患者が大勢いることを自慢しているようで、ずいぶん滑稽だが、それでも彼らにとっては普通のことである。

　また宴会の席上その他でも、人に物を勧めるのに、「これは非常に甘いからお食べください」と言う。些細なことではあるが、日本人の耳には奇妙に響く。しかし、こうした突飛で奇抜なことが、すべてアメリカ人の気質を遺憾なく表わしたものだろうと思う。

## 東洋流とは正反対

ところが我々東洋人の気風は、ほとんど彼らと正反対である。謙譲は一つの美徳として教えられ、すべてそういうふうに躾けられてきた我々の気質と、がさつなアメリカ人気質とは一見相容れないようであり、突然その場に直面すれば非常に異様に感じられ、妙に聞こえる。しかし東洋人のほうでも、たとえば人にご馳走する場合に、「甘くはありませんが」とか「何もありませんが」とか言うことなどは、ずいぶん理屈に合わない話である。日本人の「何もない」「甘くない」という表現は自ら卑下した言葉であり、言葉が足りないために、その思いを十分に表現できない点はあるだろうが、これを表面的に解釈すれば、わざわざ人にまずいものを食べさせたり、強いてご馳走を出さなかったりするように聞こえて、非常に妙なものになってしまう。

だから、お互いの言葉争いはとにかく、アメリカ人は表面的には何となく東洋人と一致しないようにも受け取れるが、打ち解けて話してみると、案外じつに無邪気に腹を割って快活に話すようなところがある。だから彼らは、あまり謙遜する人を好まない。であれば、そもそもこのようなことは彼らの短所なのだろうか、長所なのだろうかというと、おそらくそれはいずれとも判断しかねるところで、私はその国の風俗や風習がそうさせたものだと言う以外にないのである。

どんなに自慢好きで謙遜嫌いなアメリカ人でも、絶対に我々東洋人の敬虔な態度を嫌うということではないらしい。当初、私はアメリカの事情にも暗く、かつ英語が通じないから、終始東洋的な態度でアメリカ人に接してきた。中にはあまり謙遜しすぎると評した者もいたようだが、またある者は、むしろそのほうがよろしいと言い、礼儀正しい態度を褒めて「渋沢は謙遜の徳にあふれている」とか「人はあのようにするのがよい」とか言って、敬意こそ払われても、決して侮蔑する態度は見えなかった。

## アメリカ人の長所

アメリカ人の長所は、快活で、勇気と思い切りの良さがあり、悪いことを排して良いことを行なうのが速やかなことである。彼らが一度事業経営の重要な立場に就くと、斃れることもいとわない精神で冒険的に突進していく。これはじつに世界でも希に見る気風であり、現在のアメリカがある理由もここにあると言ってよい。だいたい思慮深い者は緻密である代わりに非常に臆病なもので、思い切りのよい気性に富んだ者は粗暴で、熟慮に欠ける傾向がある。言い換えれば大胆な者は学問を軽視し、学問を重んじる者は臆病であると言えるが、アメリカ人に限ってそうではないのは不思議である。

彼らは一面がさつで物事に頓着しないように見えるが、内面を詳細に観察すると、意外に真面目なところがある。彼らは学問に対してむしろ熱狂的であり、向学心が強烈なこと、公共心が極度に発達していることなどは、他の文明諸国に比べても例がないだろう。彼らが学問のために私財を投げ打つことを意に介さず、また自分の死に際に財産を公共事業や慈善事業などに寄付することは珍しいことではない。

現に我々が訪問したコーネル大学、ウィスコンシン大学、あるいはシカゴ大学、エール大学、ハーバード大学ないしフィラデルフィア大学のようなものは、建物も非常に美しく組織や設備も非の打ちどころがないが、これらはみな個人の寄付金から成り立った私設の学校である。個人としてはいろいろと評されるロックフェラー氏などは、シカゴ大学だけに二千万ドルも寄付しているという。またカーネギー氏によって営まれているカーネギーホールなどは、全米を通じて約三百もの数に達しているとのことである。

このように、彼らは学問を重んじ、また各自で勉強もする。日本人ならばステッキを振り回して散歩するところを、彼らは書物を携え、ひまさえあればそれを読んでいる。しかし、このように学問に熱中し、向学心が強いとしたら、あるいは学問の中毒になりはしないかという疑問も起きるが、彼らは学問のために自分を忘却するような恐れは決してない。学問は人間のために作られたもので、人間はこれを遺憾なく応用すべきものであることを彼らは十分に理解している。

だから彼らは巧みに学問を活用し、そのためにかえって害が及ぶようなことはない。であれば、アメリカ人が一面無頓着で大胆な性質を持っていながらも、別の一面では大いに学問を尊重していることを、我々は大いに学ぶべきだろう。

## 公共心に関する一例

公共心がいかに発達しているかについて、次に一例を挙げてみよう。大の日本美術狂であるデトロイト市のフリヤ氏などは、半生の心血をすべて日本美術の収集に注いだ結果、現在では一大美術館を造ることになり、その所蔵品の中には日本でさえ容易には見られないものが数多くある。

私たち一行がその家に案内された時は、タイミングが悪く主人は旅行中で面会できなかったが、私だけは案内人に誘われて倉庫に入り、一点一点、詳細に観覧できる光栄にあずかった。以前から評判が高かったが、まさかそれほどでもないだろうと思っていた私は、倉庫の中に入ってまず驚嘆した。

大きな倉庫の中の上から下まで秩序立てて整然と日本美術が陳列されているところは、さすがの日本人である私も二の句が継げない。住宅の大広間に陳列された屏風、掛け軸などの中にも、眼の覚めるようなものが数知れずある。これらの代価を計算したら、何百万ドルにのぼるだろうが、氏は現在そのすべてをアメリカ政府に献納したが、当分の間、政府はその保管を氏に頼んでいるとのことだった。

日本でも大倉喜八郎氏などが美術館も持っていれば、学校も独力で経営しているが、その手段方法には何となくまだ飽き足らない点が見える。これをアメリカ人の仕事に比べれば、少し自分本位の嫌いがあるように思われる。しかし、他人の悪口は自由に言えるが、このように言う渋沢などは平素からできるだけ公共事業や慈善事業、または学校のために資金を投じる覚悟であるとは言うものの、根が微力なのでとてもアメリカ人の真似はできない。無理に奮発しても、一家一族の生計しだいであることも考慮しなければならない。

要するに、アメリカと日本とは根底から違いがある。日本のような家族制度の国柄では、自分一人の考えによってのみ物事の判断や決定を下すことはできないが、そこへ行くとアメリカは自由である。彼らは個人制度である結果、自然にそのような風俗習慣を作るようになったのだろう。それについて弊害もあるだろうが、一面から言えば、誠に羨望に耐えないことである。

## 学ぶべき点、学ぶべからざる点

事業上から言えば、学ぶべき点は少なからずある。製鉄場の組織を見てアメリカ人の事業経営が進歩した一つの特長として認めた点は、すべてのことにできる限り統一的な方針をとっている。これなどは大いに学ばなければならないところだろう。事業の一面では務めて分業を進めていくけれども、経営の上からはなるべく大きく統一して行くことが、社会が発展するためには当然の傾向だろう。

トラストのように他の利益を独占する手段はあくまでも避けなければならないが、他国に対抗して事業を拡張していく場合の方法としては、個別に小さくつまらない争いをしてはいられない。アメリカの工場、会社、商店などが執っているような傾向によって進まなければ、実業もとうてい間然に発展していくわけにはいかないだろう。

このように大いに学ぶべき点があるとしても、これを我が国に応用する場合には、そこに考慮すべきことがある。第一、日本とアメリカとは国柄が異なる。アメリカは天然資源が無尽蔵に近くあり、これを開発するにはアメリカ式の大規模な方法によっている。我が国は必ずしも天然の富がアメリカと同程度にあるとは言えない。

あるいは我が国でも大きな銅鉱や鉄鉱があるかもしれないが、国情としてアメリカ式に掘削していくわけにもいかないだろう。またアメリカ式の摩天楼のような大建築物も、広く立派な美観を持っているには違いないが、地震国である我が国にすぐに応用できるかどうかは疑問である。ワシントンの停車場がどんなに大きく立派だからと言って、アメリカにあってさえ無用の長物の感があるので、もちろん我が国でこれと似たものを造ることなどありえない。

このように言うと、あるいは私があまりに保守的であり、進歩することを知らないから、発展を妨げることは困ると言う者もいるだろうが、私としても国力発展のためならば進歩する方法を講じる必要があることを信じている。しかし実力が乏しい者がいたずらに他人を真似て、ただ外観ばかりを派手にしたからといって、必ずしもそれが永久に持続できるものではない。たとえば大柄で強健な男が闊歩《かっぽ》するのを見て、自分の体力を顧みず、歩幅も考えずに、ひたすら彼に劣らないようにと焦っても、しまいには倒れてしまうのと同じことである。私は突飛な真似をするよりも、自分の力量が許す範囲で一歩一歩堅実に進み、しだいに向上発展していくように期待したいと願っている。

## 悲観説と楽観説

現にアメリカ人の中にも、このような大規模なやり方に対して悲観的な眼を持ち、たとえ無限の鉱物、豊富な森林、広く潤った平原があるとしても、現在のようなあり方では、それが継続する間、果たして現在のような状態が維持できるのかどうか非常に疑わしいと言う者もいる。大北鉄道会社のジェームス・ヒル氏などは、明らかにその懸念を持っている一人だと思う。

ヒル氏は常に意見を発表し、「アメリカ人が現在のように各種の鉱物を乱掘して、その消費が大きくなり過ぎたならば、しまいには、まるで自分の寿命を縮めることと変わらないだろう。自分の命を縮めてまでも、なおかつ鉱物をあえて乱掘しなければならないとは、常識的な判断に苦しむではないか。このようなことでは、アメリカの前途に一種の欠陥を生じさせるのと同じことである」と、半ば風刺し、半ば嘆くように言い切っている。

さらにヒル氏はアメリカの大農法にも言及し、「現在アメリカで行なわれている大農法は、いわゆる精密な知識と周到な注意を払うことのない、極めて粗雑なやり方だから、一エーカーの収穫はわずかに四十ブッシェル[※①]にしか当たらない。このようなことは、いたずらに土地の面積を多く耕すことにすぎないから、大農法が必ずしも良い方法であるとは言えない」と言っている。

もっとも現在、アメリカ人でこの議論に耳を傾ける者はほとんどいないだろうが、私は決して見過ごすことができない大問題だろうと思う。私は他の国の国民が行なっている事業について少しも口をはさむ権利はないが、もし日本にもこのような事実があるとすれば、あるいはヒル氏と同様の忠告をするかもしれない。

ただし物は見様であり、人々によっては自ずと観察のしかたにも違いがあるだろう。現にヒル氏の説に対して大反対の意見を持っているニューヨークのワンデリップ氏もいる。氏が掲げる説によると、「アメリカの現在の進歩は、要するに破天荒な事業をあえて行なってきたからであり、徹頭徹尾、現在の仕事のしかたを遂行しなければならない。もし現在の勢いで知識の発達、機械力の増進、資本の増加をますます進めたならば、もはや世界中で恐れるものはないだろう。イギリスはともかく富国だから軽蔑されないが、フランスは現状維持に必死であり、ドイツもまた恐れるには足らない。ましてロシアなど足元にも及ばない」と、ヒル氏とはまったく反対の積極的意見を発表している。

しかし、これもあながち法螺話《ほらばなし》として聞き流すわけにはいかない。要するに、同じ国民の中からこのような相反する意見が出ていることは、よほど興味のある事柄であり、一考を要する問題なのだと思う。

【註】※① ブッシェル◆ヤード・ポンド法による体積の単位。一米ブッシェルは三五億二三九〇万七〇一七リットル。

## 極端な実利主義

現在の情勢から考えれば、アメリカは今後、大いに進み続けようとするのだろう。なぜかと言うと、天然資源が無尽蔵であるだけでなく、国民の元気が溌剌として力強いことと、教育及び制度がすべて実利主義によって割り出されているからである。日本のように、学者で世間の潮流からかけ離れている者や、細かく記されて煩わしい法律に対していたずらに章句の記述にこだわる者などはなく、あくまで事実を基本に考えている。

したがって学問は実業のためのものであり、名誉のため、道楽のためではなく、物好きや超然主義的な人物を作るためのものでもない。法律もその通りで、仮にも不便と感じられる法文はどんどん改正を加え、できる限り便利に、かつ有効となるように務めている。この点は日本国民が反省して大いに学ばなければならない一大案件だろう。偏って狭い知識の発達、手数の多い煩雑な文章などは、やがて世界の進歩に後れをとることになりはしないか。

こういう実利主義の結果は、「人は徒手で使役するべからず」という実例を生じるに至った。だから何ごとでもできるだけ人力を省こうとするために、各種の機械力がしだいに発達していくだけでなく、堂々とした富豪の主人でも自らエレベーターを運転して客と対応し、あるいは下男下女がするようなことまでも自分で行なう。もし、これが日本であれば、主人も夫人も奥のほうにいて威張っていて、客の送迎でさえ容易に玄関などに出てこない。したがって、一人の女中で間に合うところを二人も三人も要するということになる。

ところがアメリカには「時は金なり」の格言が実現されているので、たとえば大事な話があって人を訪問すれば、その話だけ済ましてさっさと帰り、ほとんど他の雑談などを交えている者がいないばかりか、来客に茶を出すことさえしない。ホテルに宿泊する旅行客でも、食事以外に臨時に茶を注文すれば、必ずボーイに相応の心付け、つまりチップをあげなければならない。

私は最初、このチップをあげることが非常に面倒でたまらなかったが、アメリカの事情を理解するにしたがい、ようやくそうする理由を知ることができたのだった。すなわち

「人を徒手で使役するべからず」「時は金なり」という実利主義からきた風習なのである。

## 人の振り見て我が振り直せ

近年におけるアメリカの発展の様子は、無限の資源と勇敢な国民性の二つが相まってその原因となっていることはもちろんだが、ある面では各種の機関が完備されたことも大きな原因となっていると思われる。たとえばホテルの設備が十分であること、道路の修復が行き届いていることなども一因として数えられるだろう。

ホテルの設備などは、これを一国の大きさから比べれば小さな問題のようではあるが、決して軽視することはできない。年々多額の金がアメリカに落ちる理由の一つは、確かにホテルが完備しているために、世界各国の人々が来て遊んだり仕事をするには便利なものである。

アメリカは最近、数年前に比べて旅行客が増加し、そのために一国の経済に影響を与えているのを見れば、必ずしも軽視できない問題だろう。この点から東京の前途を考えれば、宿泊設備を完全にすることは緊急問題の一つで、国家的な事業と言ってもいいだろう。それと同時に、道路の改善も行なわなければならない。

またアメリカの振りを見て我が国の振りを直したいことは、先進国の長所と短所ということについてである。確かに現在のアメリカがあるのは、その特長を発揮したものであって、わずか四、五十年前とは比べ物にならないほどの進歩を遂げた。とくに人物そのものの力量の大きさが、その根底にあるように思う。

すなわち国に古い歴史があり、国民が一定の生活に慣れていれば、もはやそれ以上に進むのは容易なことではなく、すでにこの事実は同じアメリカ内部でも東部においてよく立証されている。一度西部から出て東部に行ってみると、国民の態度が落ち着いて、おごそかな雰囲気があるばかりでなく、社会全般の物事にも何となく熟成した趣きがあって、西部におけるような活発で勇気のある気性は薄らいでいるように思われる。

しかし、これはもちろんやむをえない結果であり、社会の状態、時勢、風潮などが自ずとそこに行き着いたのである。日本国民もよくアメリカのこの潮流を参考にして、老成国とならないように心がけなければならない。

## 予想される日米の商戦

以上に述べたように、アメリカの実業界は今後どこまで発展するかわからない。そればかりか、さまざまな方法によって他国に向かって猛進して行くに違いない。最初に眼を向けるのは東洋であり、とくに日本を敵として商戦を挑んでくる。

かつて大統領のタフト氏はミネアポリス市で実業団と会見した時の演説で、我々一行の渡米をことのほか喜ばれ、我が日本に対する好意を心から表わされたが、ある面では東洋に対してあくまで平和の戦争、すなわち商業貿易の競争をしようという意志を十分に述べた。これはまた、アメリカの実業家も公開の席上、我々の面前で告白したことだった。

事実そうであるとすれば、我々もまた大いに覚悟しなければならない。だいたいアメリカ人は日本人を買い被っている。我が国民が勇敢な気性にあふれていること、良いことを見て必ず改善していくこと、佳境に入れば我を忘れること、義侠心があることなど、我々大和民族が誇りとすべきことをもよく認めているようだが、実際以上にそう思っているのである。実際以上に見られることは面目のあることで結構なことだが、じつはこれが恐ろしい。彼らが我々の実力以上の程度に対する準備をして、今後我々に迫ってくると推測しなければならないからである。この屈強な商売敵《がたき》の来襲に対して、どのような準備をして応戦すべきなのか。

仮にアメリカと競争するとすれば、もちろん天然の資源は比較にならないから、何によって競争すべきかということが、当面目前にある非常に困難な問題である。いたずらに軽々しく進めば挫折する恐れがある。かといって尻込みしていれば、双方の間隔はいよいよ大きくなり、ついには面と向かって対峙することさえできなくなる。

たとえば十貫目の物を持つ力しかない人に、いきなり十五貫目の物を持たせれば、その重さに耐えられなくなるが、あまりに重さだけを心配すると、十貫目を持つことができる人が七貫目の重さにも耐えにくくなるようなものである。とかく世の中のことは気の張り方一つで思いのほか進むこともあれば、逆に仕事の量を減らしてもまだ多すぎると感じることもある。

だから、そのへんの調整が最も大切で、いずれにしても、よほどの覚悟と、決心と、準備がなければならない。もともとアメリカ国民は猛烈な活動力を持っているとともに、ある面では緻密な思考力を持っているので、仮にも商売の備えにわずかな隙でもあろうものなら、一撃のもとに敗戦の悲運を見なければならない。我が国民はこの際、熟慮考察し、来たるべきアメリカとの商戦に勝利を収められるように、今から努力してもらいたい。

## 日米国交の将来

最後に、日米間の国交について一言述べたい。もともと我々の旅行は、あえて排日論を融和する目的のみで行ったわけではなかったが、そのことも確かに希望の一つとして置いていた。ただ我々一行の巡遊というのは、たとえて言えば、胃病の患者が運動して治そうとしたという方法であり、胃散を飲んで治そうとする療法ではなかった。

だから、この旅行によってどれだけの効果を上げたかということを明らかに列挙することはできないが、至るところで熱意と誠意のある歓迎を受け、丁寧に親切に談話を交えて、あくまで日米両国間の事情と国民性の疎通を図り、できる限り手を携えて進みたいという熱意と誠意を表わしてきたのだから、いわゆる排日論者に対してもいくぶん感情を和らげることができたかと思う。

また、いろいろの人からアメリカ人の意向を代表する言葉を聞いてみると、今後日米間の親善は日を追ってますます強固になると思う。中にはアメリカ西部で排日熱などを口にする者もいたが、要するにこれは労働協会によって唱えられもので、日本労働者に職を奪われはしないかと心配する者が、その予防策としてこのような言動に出たところを、一部の新聞などが他の者からけしかけられて故意に吹聴したので、問題は比較的大きく見えた。しかも、日本に喧伝されている事実には感情が働いているような嫌いがあったが、これらのために両国間の親しい付き合いが阻害されるようなことがあろうとは絶対に思えないのである。したがってアメリカ人は日本に対して良い感情を抱いているということが、十分に我々にも理解できたことは、じつに満足なことだった。これに報いるべく、我々もまた厚く交わってきたつもりだから、我々一行によっていくぶん国交の融和ができたと信じて疑わない。要するに両国民は、務めて衝突を避け、互いに提携、協同していく方針で進んでいけば、互いに大きな利益を上げられると断言する。

# 第五章　省《かえり》みれば

# 見えなかった青年時代

## 私の排貿易論

現在という地点に立って、自分が経てきた過去の道筋を思い起こせば、誰でも耐えられないような悔恨が一つや二つはあると思う。それは必ずしもその人の真意からそうなったこととは限らず、時代や風潮の影響を受けたり、あるいは周囲の情実とからんで離れられないような事情があってそうなったことが、後になって大いに後悔の種になるようなこともある。

このように言う私もその一人なのである。私の悔恨とは、青年時代に抱いた思想や目的が、老後の現在とはまったく異なったものとなり、形式的には右にすべきことを左にするようなことになった事実である。とりわけ排外論すなわち攘夷思想と海外貿易に対する誤った考えは、そのはなはだしいものである。

幕末における政界の狂乱期に身を投じて、しきりに尊王攘夷を主張することになった私の動機を考えると、もちろん忠君愛国の思想が主因となったことには違いないが、そもそも当時の海外貿易は我が国にとって不利であり、無益だと思うばかりだったことも、その原因の一つである。

当時の自分の意見としては、貿易などは国家の富をいたずらに外国人に吸収されるだけで、我が国にとって利益は何もないということだった。その証拠に、外国から輸入する品物はみなろくでもないものばかりなのに、日本から持っていかれる品物は、いずれも立派な実用品だけである。たとえば生糸のようなものが出ていき、おもちゃに近いようなものばかりが入ってくる。この現象をこのまま放っておくならば、今後の国家はじつに容易ならない困難に出遭うだろうという杞憂、取り越し苦労を抱いていたのである。

さらに私の憶測では、最近しきりに外人が日本の沿海に来て通商貿易を迫るのは、要するにそれらの表面的な目的を口実にして、最終的には国家を奪おうとするものではないだろうかという邪推もあった。

今から五十年前、確かに私はこれらの説を口にし、その考えによって各地を奔走したのだったが、それに引き換え、果たして現在はどうなっているだろうか。自ら先頭に立って大声で海外貿易を奨励し、あるいは自ら西欧諸国に渡ってその文明に触れ、またそれらを実際に行なって、しかも自らそれを本業としているではないか。

この間の思想の変遷、目的の変化は、持論がないのもはなはだしいと問い詰められ、責任を問われれば、弁解の言葉もなく窮《きゅう》する以外にないのである。

しかし思想的にはそういった変化があったにもかかわらず、今もなお私の根本精神である孝弟忠信の道には変わるところがなく、またそれまでの道筋は違っていても、忠君と愛国の思いだけは変わらないことを、大声で人の前で語ることができる。

## なぜ通商貿易に反対したか

当時、なぜ私は通商貿易に反対意見を持つようになったのか。急ぐ問題ではないが、後世のためにその動機を詳細に説明しておきたい。

今から五十年前に遡って世の中の形勢を考えると、一般国民はまったく海外の事情に通じておらず、外国人に対して一種の恐怖感を抱いており、外国人の来航は国土を略奪しようという野心にほかならないと一途に思い込んでいた。

このように言う私も、この誤解をしていた一人である。というのは、日本の過去の歴史がこれを証明していたからだ。すなわち元亀《げんき》、天正《てんしょう》の頃から日本人は早くもマレー半島その他の南方地域と交通があり、その目的は単に通商貿易だけではなく、あわよくば土地を侵略しようと心がけていたのである。山田長政や浜田弥兵衛などの伝記を見てもそれははっきりとわかる事実だが、すでに日本人にそういう考えがあったから、外国人の一挙一動も疑わずにはいられない状況において、外国人にもまるで同じ目的で日本に侵入した者がいた。

「西教史」はこの事情を詳細に記述しているが、足利氏の末路から織田豊臣時代にかけて、しきりにポルトガルなどがカトリック教を日本に布教しようとしたのは、一面このような目的も持っていたのである。その頃、日本に来たのはかの有名なイエズス会のフランシスコ・ザビエルという人で、当時の布教は単に宗教を世界に広めて、人々を苦しみから救済しようと務めたばかりでなく、同時に自国の領土を拡張しようという野心もあったように見える。


徳川氏は早くからこのことを懸念し、天草の乱があって以来、禍の元を未然に断たなければならないと決心し、鎖国主義を固辞してキリスト教を厳禁することにしたのである。すなわち私などは歴史から偏見を持っており、外国人の心の中はすべてそのように恐ろしいものだと信じていたのである。

烈公すなわち徳川斉昭の代になってから、水戸の学者は一斉にこのことを論じ、外国人の来航は天下に禍をもたらすと主張して、鎖国主義の張本人のような存在だった。そして私が青年時代に学んだ学問は、じつにこの鎖国論の製造元である水戸学派を受け継いだものだった。だから自然に私は、西洋人が日本に来て通商貿易を求めたのは、元亀天正の昔のことと同じであるに違いないと思い、ほかのことを考える余地がなかったのである。若輩の悲しさで、眼を見開いて天下の大勢を洞察することができず、先輩から教えられたことをそのまま信じて深く心に銘記したので、十七、八歳でついに道を踏み違えることになってしまったのである。

## 社会、風潮による感化

当時の自分の立場と現在とを比較してみると、私は社会に対して面目がない。一度は鎖国論を主張した者が、急転直下して開港の必要性を説いたばかりか、昔の貿易否定論者が現在は貿易必要論者となっているのである。だから単にこの事実だけを捉えて、渋沢は定見や持論のない人間であり、思想に一貫性がないと言われてもしかたがない。

とは言いながら、一歩退いて当時の社会の風潮に遡《さかのぼ》って考えてみれば、渋沢だけに定見がなく、思想に一貫性がなかったわけではないと思う。要するに当時の社会は、国民の上から下までがこぞって鎖国論を唱えており、当局者だけが進退きわまった結果、開国論を主張して一筋の活路としたのだが、これに賛成するものは誰もいなかった。明治時代のいわゆる元老諸氏でも、故伊藤博文公を初め多くの人は攘夷鎖国党だったのだ。社会の風潮がすでにそうだったとすれば、その中に生きていた我々青年がその風潮に感化されたのは、むしろ当然の結果と言ってよかろう。

しかし口では鎖国論、貿易否定論を唱えたけれども、胸に秘めた忠君愛国の思いだけは少しも変わるものではなかった。その頃、鎖国攘夷論が忠君愛国の思いの表れであると考え違いしていたのと、今日《こんにち》のように広く知識を世界に求めて国家の発達進歩を図り、国力を強大にするのが忠君愛国であると心得ているのとは、前者は消極的で後者は積極的であるという違いこそあれ、その偽らざる心は一つである。

## わずか五十年のこと

先年、私が渡米した時、シラキューズ市でブルベッキ氏が開催した歓迎会の席上で、近代日本の歴史に通じたアメリカ人のグリフィスという人が、大老井伊直弼《なおすけ》を日本における開国の元祖であると称賛した。その時、グリフィス氏の説に対して、私は反対の演説を試みた。

「グリフィス氏の発言は一を知って二を知らない人の意見であり、表面を見て裏面を見ていないと言わなければならない。その当時、井伊大老を斬ろうとした一人である私、すなわち渋沢が、今日《こんにち》ではかえって渡米実業団の団長としてアメリカに来て、このように諸君と握手する一人となった。しかし当時、井伊大老を斬ろうとした者は必ずしも愚かだったのではない。自分はむしろ、井伊大老の臆病さを軽蔑している。

当時、井伊大老は天下の大勢を洞察する賢さによって開国を断行したわけではなく、足元に迫った諸問題の解決に苦しんだ結果、無茶苦茶に開国を行なってしまったまでである。

であれば、開国論者としてあまり称賛できないし、攘夷論者としても決して優れているとは言えない。当時アメリカなどは、心からの友情によって日本を誘導し、助けようと務められたのだが、他はそういう親切な国ばかりではなく、機を見て日本を自分の手中に収めようと謀るところさえあった。この際、憂国の士が攘夷党となって現われたのはむしろ当然の現象で、それだけの気性を持つ国民であったからこそ、日本もついに現在のようにアメリカと親しく交際を深めることができたのである。

ところが、井伊大老を外交に功績を残した者とすることに我々は賛成できない。要するに井伊という人は、善にも悪にも恐れ従い、恐ろしいことにも親しみ、憎むべきことにも従うだけの者である。その際、我々攘夷党の誤りは、善悪ともに退けようと試みて、ついに貴国のような善意ある国をも排斥しようと主張したことであり、じつにお気の毒であったが、やむをえずそうしたのである」

以上が私の意見だった。私は当時の当局者だった井伊大老の態度をとくに悪く評するつもりはないが、とにかく井伊大老は、まったく自分に自信があって開国を断行したのではなく、やむをえず開国してしまったのであり、彼の態度は決して当時の社会一般の風潮に添うものではなかったのである。

いずれにせよ、五十年前を顧《かえり》みれば何ごとも夢のようである。ただ一つ昔も今も私の根本精神に変わりはなかったことだけは、少しは自分を慰めるのに足ることである。事情をよく知らない人の誤解を解くために、私の立場についてとくに弁明するしだいである。

# 老後の思い出

## 重役辞職宣言

明治四十二年六月六日、私は知人や関係者に対して兜町の事務所に集合願い、その席上で突然、各会社の重役を辞職する旨を宣告した。宣告などと言うと非常に大げさだが、相談したあとに決めようとすれば引き止められる恐れがあり、決心を断行しにくくなるので、少なくとも宣告のような形をとり、私の志を述べたのであった。

ところが第一銀行の人々と家族の者以外にはこの決心を漏らさなかったので、これを聞いた人々には青天の霹靂《へきれき》、寝耳に水とでも喩《たと》えたらいいだろうか。中にはずいぶん熱心に反対する人もいて、あるいはいろいろな議論によって私の決意を翻そうと試みた者もいた。

当時、帝国劇場の専務取締役であった西野恵之助氏などもその一人で、次のように言ってきた。

「渋沢さんが諸々の会社の重役を辞めるのは世間の攻撃を恐れたためではないでしょうが、ともかく事務の範囲を狭めて専業に従うというのは、あなたにとっては大間違いです。それは普通の人が言うべきこと、なすべきことであり、あなたのような精力旺盛な人が口にすべきことではありません。それに第一、あなたに辞められては私が困ります。私が劇場会社に入ったのは、あなたが監督指揮するからという保証のもとに引き受けたのであり、いわばあなたを力として事業を営んでいるのです。これは単に私一人の感想ばかりではなく、おそらく他の会社にもこういう考えの人がいるでしょう。もし、あなたが今、強いて辞職なさると言うなら、私も専務を辞めます」

と、こう理詰めで来たので、私も「しかし西野さん、それは無理というものだ。もし私が病死したらどうしますか」と言い返すと、「病死は別です。生きているうちは理屈を言います」と容易には承知しない。

じつに私はこれらの人々の厚情に感じ入ったのだった。私としても、もちろんそこに気がつかなかったわけではなく、いかに会者定離《えしゃじょうり》、つまり会った者は必ず別れることが定まっているのが世の常とはいえ、これまでその会社やその人々とは行動を一つにしてきたのである。それなのに、自分から言い出して今さら別れるのかと思えば、言うに言えない感慨に打たれ、顔にこそ出して泣くことはなかったが、何となく親が子と別れるような気がして、じつに断腸の思いに耐えなかった。

こらから先、私が重病にかかった時も、当時関係していた大半の事業の職を退き、数少ない事業においてやむを得ない部分にだけ相応の補助を行なうことにした。だから、日本鉄道会社、商業会議所、税法審査会など、当時騒がしかった方面の職も辞退して、大いに関連分野を狭くしたことがあった。しかし、それも束の間、日露戦争後の事業勃興につれて再び新旧の事業に関連することを余儀なくされ、不本意ながら以前のような立場に戻ったのだが、今回の決意はそれとは異なり、再三熟慮したうえで発表したのだから、たとえどのようなことがあろうとも、その決意を翻すことはなかったのである。

では、なぜ私はこのような悲痛な思いを忍んで、親切な知人の志に背いてまでも辞職を決行することにしたのかというと、これには一応の理由があるつもりである。まず第一に恩主である徳川慶喜公の進退問題について明らかにしたいこと、第二に済貧恤救《さいひんじゅつきゅう》すなわち貧しい人々や困窮者を憐れみ救う事業に多くの力を注ぎたいこと、第三に及ばずながら教育にもわずかばかりの援助をしたいこと、第四にはこの辺が天命を知って自ら退く機会であると思ったことである。

## 重役屋にならざるをえない理由

私が官吏の道を辞して実業界に身を投じ、第一銀行を創立した当時は、その後のように多くの事業に携《たずさ》わろうとは思わなかった。ひたすら第一銀行の経営のみに専念し、その発展を願う思いだったが、さてやり出してみると、なかなか思うようにはいかない。

当時、我が国は開国進取の過渡期にあり、何ごとも不足がちであった。欧米先進国と競争するには、それに従う商工業者は相当に気位も高く、学問もあり、かつ世界の事情にも通じていなければならない。このような人々によって実業を振興し、富を増していかなければ、どんなに政治や法律が力を発揮しても、とうてい外国と競争することはできないと考えた。

ところが、その頃の商工業者の状態がどうだったかというと、いたずらに封建思想の名残りのような卑屈な風習に囚われ、官吏に対してはむやみに平身低頭するばかりで、学問もなければ気概も見識もない。まして新規の工夫とか物事の改良などというようなことは思いもよらない有様であった。

だから、せっかく銀行を始めてみても、世の人々は銀行がどんなものであるかを十分に理解せず、明治初年に官命によって創始された多くの会社がことごとく失敗した例に懲りて、会社組織で営業しようとする事業家を山師と見なし、理屈ばかり言って実際の仕事はできないと嘲《あざけ》り、その将来を危ぶんで取り引きする者がいない。やや相談に応じる者としては三井組に小野組、島田組くらいのもので、その他の古い思想の者たちは、銀行が何か切支丹《きりしたん》の法でも使う者であるかのように恐れ、ほとんど金融の道をつけようにもできないような有様だった。

これでは事業資金を潤沢に供給して実業を発達させ、それによって国の富を増進させようと考えた当初の目論見も達成することが約束できない。そこで旧来の商売人のような保守派を説得するのも一つの策ではあろうが、その理解のなさを教え諭し、場合によってはその人々とも戦い、自ら新しい空気を吸った商人を作り、率先して合本組織による事業を創設し、一般大衆に模範を示さなければならないと通説に感じ、覚悟した。それ以来、紡績会社を起こし、煉瓦《れんが》会社を起こし、人造肥料会社を起こし、絹織物会社も起こすというように、全力を傾けて世の中のあらゆる事業をどんどん創始したのだった。

そうする以上は、自ら進んで重役にもなり、社長にもならざるをえない。その中では、今度ほかでも何々会社ができたので、ぜひ何々の役を引き受けてもらいたいと依頼される。依頼されれば、私の性質として道理にかなったことなら断るわけにはいかないので、先方の言う通りに引き受ける。すると、たちまち他からも同じような手続きで申し込まれ、一方を承諾しながら一方を断るわけにはいかないから、これもやむをえず名義を連ねるというようなことがいくつもできた。

だいたいがこんなふうで、もともと事業一元主義を胸中に抱いて一つの事業に専念、従事すべき方針だった私も、いきおい各種の事業に関係せざるをえない歴史的関係が生じたのである。そのために、私の意志をよく理解できない人の中には、渋沢は多くの会社の重役を兼任する、いわば重役屋だと言って非難する者もいた。しかし、私にとっては国家を思う一片の誠意のために、そういう非難を受けることも、またやむをえなかったのである。

私が重役とか相談役などになっていたのは、明治二十年前後に創立した会社にかかわるもので、その後に設けられた帝国劇場などは少数の例外にすぎない。当時、もし私が世間の非難や攻撃を恐れて本来の銀行業だけに立てこもっていたらどうだったろうか。諸々の事業が興らなかっただけでなく、本業である銀行業もおそらく現在の状況を獲得することはできなかったかもしれない。もっと誇大に言えば、日本の産業はこんにちのように速やかに発展しなかったかもしれない。

## 私の任務の一段落

私が自ら関係した各種の事業は、前述のような事情によって成立させたものばかりだから、まるで子飼いから育てた愛児のように思われ、とくに懐かしい気持ちがある。その主なものを挙げれば、第一・東京貯蓄の両銀行を始めとして東京瓦斯、大阪・三重の両紡績、東京人造肥料、京都織物、札幌麦酒《びーる》（のち大日本麦酒）、岩城炭鉱、石川島造船所、東京製綱、東京帽子、日本煉瓦《れんが》、京釜鉄道、帝国ホテル、帝国劇場などの会社である。

これらの中でも直接事務を担当したものは少ないが、いずれも創立当初から深い因縁があり、いわば苦楽、浮き沈みをともしてきたものである。とりわけ大坂紡績、日本煉瓦、東京人造肥料、東京帽子などの数社は、これまで非常な困難を切り抜けて現在のような強固な基礎を築いたもので、その他の会社であっても、もし困難に出遭った場合は必ず相談相手となり、自分の愛児が不幸に直面したような思いで、その発展に力を注いできたのだった。

これらの各会社以外に、知人の計画とかその他の縁故で株主となった銀行や会社もたくさんある。これも中心的な立場には就かないまでも、もちろん多少の関係があるので、普段から相談相手にもなれば、革新あるいは整理を行なう場合の助力を惜しまなかった。たとえば日本郵船会社などは、創立から関係したわけではなかったが、すでに取締役となった以上、この会社にも微力を尽くさなければならないと思い、欧米新航路開始についてはは相当の貢献をしたと自ら信じている。その他、東洋汽船会社、大日本精糖会社など、いろいろな波風が生じた際に相当に力添えしたと思う。

しかし多数の事業に関係すれば、その間に多少の盛衰、隆盛や退廃などがあるのは免れないことである。東京瓦斯会社など、最初二十七万円の資金だったものが、こんにちでは四千余万円の大会社になっているものもあれば、初めに大きかったものが縮小したものもある。けれども我が国一般の合本事業が各方面で同様に発達したことは事実で、株式組織のものだけを合わせても、払込資本十余億円の巨額に達している現状である。

このような状態にまで進歩したからといって、もちろんいまだに満足とは言えないが、私が最初に銀行家となった当時の希望は明らかにその一部が達成されたと思う。要するに満足ということは、今後何年かかっても期待できないだろう。英米のように我が国に先んじて合本事業が発達していた国でさえも、これで満足という程度にはなっていない。

ある意味から言えば、満足するのはすでに停滞し退歩していることではないだろうか。仮に私の生命が大隈重信伯の理想ほど続いて、さらに事業のために全力を尽くすとしても、とうてい満足するだけの発達は期待できないだろう。そこで私は、今後の発展のための始まりとなる時期をもって、自分の任務の一段落にしたいという希望をもったのである。

## 私は文鎮の役目である

どうして一段落なのかと言うと、顧みれば、これら各種の事業はたいてい、それぞれ組織が整って基礎も堅固になり、相当の利益も上げている。私はこれまで各種の事業に関係はしていたものの、直接その重要な立場に立って業務を行なったのではなく、そのすべてを適任者に託し、自分は取締役会長として重役会に出席するたびに、あるいは意見を述べ、あるいは相談をも受けた。

そういうことなので、これらの諸事業に対する私の立場はまるで文房具の文鎮のようなもので、自分ではあまり活動をすることはなかった。しかし文鎮といえども多少の働きがなければならない。風が吹いても、紙が飛ばないだけの重さが必要である。かといって、紙が破れるほど重すぎても困る。ほどよい重さと、他のものと調和する働きがなければならない。私は常にこの文鎮であり、普段は自分から働くことはない。まるで一つの置き物のようだが、一度事が起これば、この自動的には動かない文鎮でなければ解決できないこともあった。

けれども現在では、ほとんど文鎮も必要ではなくなるほどに、各種の事業が健全に整理されてきた。中にはまだ大いに改良や拡張を必要とするもの、合同を要するものもあるだろうが、もはやそれらは私が世話するまでもなく、それぞれの要求に応じて、いつかそれが行なわれる気運がもたらされることだろう。また事業の状態によってそれぞれ多少の異動はあるが、経営者や部下はみな学識、人格ともに身につけており、手腕もあれば経験も積んでいる。今私が重役を辞任したら、その人々は一時的には親父を失ったように気落ちするだろうが、それは単に感情だけの問題で、とにかく私がいなくても立派にやっていけるようになっている。

現に、基礎の強固なものはますます発展していくだろうし、まだ進歩の途中にあるものは、ますますその歩みを進めていくだろう。だから、私の当初の希望は実現され、その目的も貫かれたわけであるから、私の使命は果たすことができ、任務も一段落したものと言ってよいと思う。

別れることの悲しみを言えばきりがない。別れの情に耐えられないからといっても、別れるべき者は、いずれそのうち別れなければならない時期がくる。いつまでも互いに手を引き合っていけるものではない。

# 古希《こき》の思い出

私もこれまでのように各種の事業に関係していては、他のことに力を注ぐ余地がないので困る。書類などにいい加減に判を押すようなことは嫌いなので、重役会があれば出席し、数字や事実を十分に調べなければならない。重役会に出席してその責任をまっとうしようとすれば、それだけの仕事でも毎日の時間に都合をつけるのも困難なほどである。また早朝から自宅や事務所に訪問者があるので、一日中ほとんどわずかな時間もない有様で、これでは長年取り組んでいる事業を成就させる時間などはまったくない。

私もすでに古希に達している。年齢によって事業に区切りをつけるのはおかしいようだが、それも世間一般の習慣で、たとえば還暦とか古希《こき》とか、また喜寿や米寿などと一定の時を画して祝い事をする。これも人間の一生を通じて、ほかに標準を定めるべき時期がないからだろう。だから私も世間の習慣に倣って、古希という七十歳を選んで区切りをつけたのである。

私が描く会社の重役を辞任することについては、それ以外に何の理由もない。関係事業に対して不安感を持ったとか、あるいは渋沢自身の何らかの異常が生じたなどというようなことはもちろんあるはずがなく、先年は一時危篤に瀕したような重い病にかかったこともあるが、最近では健康も回復して激務に耐えられるようになっている。

あるいは世間では、私の今回の行動に対して「渋沢は重役屋である。実業界に悪い例を作ったものだ」と評し、誘るような人がいるから、それを恐れて重役を辞めたのだろうと考える者もいるかもしれないが、いかに愚かといえども、私は世間の攻撃が恐いからといって重役を辞めるような、自信のない行動には出ないつもりである。もし攻撃が恐ろしくて廃業するなら、二十年も昔にそうしていなければならない。

また六月にこの決意を発表したのは、別に深い意味があるわけではなく、ちょうど半期決算の時期だったので、関係の会社にとっては好都合だろうと考えたまでのことである。

## 決して実業界から去ることはない

しかし、各会社の重役を辞退したからといって、私はまったく実業界と無関係な立場に立とうと言うのではない。大蔵省を出て初めて実業界に入ってから以来、私は実業界を自分の死に場所と決めている。だから各会社の重役は辞任したが、依然として実業界で活動するつもりであり、もし私が実業界を去る時があるとすれば、それは私が棺桶に入る時なのである。

各会社の重役を辞めたにもかかわらず、第一銀行を去らないのはまったくこの趣旨に基づいたものである。これこそおよそ四十年来、私と運命をともにしてきたもので、私にとっては唯一の本業であるから、身体の続く限りどこまでもその経営にあたる決心である。また、その他の会社も、直接の関係は断ったにしても、それらの会社の株主の一人である以上、必要に応じて十分に相談相手にもなり、一人の株主として忠告もしようと思う。つまり今後とも、相当の力を尽くす心づもりであり、力不足の渋沢を敬愛される思いやりに対しても、まったく諸々の会社を忘れる気にはなれないのである。

去る六月八日、いよいよ七十有余個の会社、銀行および諸団体に向かって辞表を提出したのだったが、それに添えた書面の中にも、「右様役名は相辞し候得共、向後とて従来の厚誼上、必要に臨み御相談に預り候事は敢て辞する所に無之候」と通知したのも、つまりこの覚悟があるためだった。

## 徳川慶喜公の境遇に同情する

前述のような理由によって、実業界における私は時間的に余裕のある身となった。これからは、主な力を前に述べた事業に注ぎたいと考えている。それについて、まず手を下すべきことは、徳川慶喜公の伝記編纂の事業である。慶喜公は私にとって大恩人である。とにかく浪人時代から救われて、ひとかどの人間となったのも、第一に慶喜公のお蔭と言わなければならない。ところが、この大恩人である慶喜公は少なからず世間から誤解されている。

慶喜公はよく道理をわきまえられ、尊王の思いが厚い優れた君主であった。維新の際、政権を奉還したのも慶喜公自身の考えによるものだった。ところが倒幕論を主張する側からは、逆賊乱臣という汚名を着せられ、一時は死罪にでも処せられようとしたところを、ようやくのことで軽減されたのである。中には、それでも飽き足らずに「慶喜将軍は命が惜しいために、戦争が恐いために大坂から関東に逃げ帰った。そして静岡藩に封じられ、ついにここで隠退して今ではすべてさっぱりとしている」などと悪口を言う者もいた。

時勢の変[※①]だったとはいえ、慶喜公にとってはこのうえなく不吉なことであり、正史を誤りかねないという意味で、おろそかにしてはならない事実ではないだろうか。もし慶喜公に一点でもやましいところがあったとすれば、これはやむをえないことだが、勤王の精神に厚く、徳川十五代にわたる将軍の中でも皇室を尊び崇められたことでは、おそらく慶喜公の右に出る者は一人もいなかっただろうと私は信じている。

慶喜公の精神はじつに青天に陽が輝くようであり、偽りや飾り気のない高潔なものだった。ところが慶喜公が将軍を継がれたために、いわゆる倒幕党から非難を受け、冤罪《えんざい》を被り、ついに乱臣賊子《らんしんぞくし》とまで見なされることになった。当時、一橋家から召し連れられた家臣には有力な人物がおらず、幕府側の人々にもあまり同情がなかったので、こんにちに至るまでいまだに真相が明らかにされず、依然として慶喜公の精神は埋没されている。じつに残念なことではないか。

もしも慶喜公が勤王の志に薄く、慶応三年の十月に政権返上をせず、同時に倒幕という秘密の勅命が下されたことを非道なこととして痩せ我慢を主張されたならば、王政維新を何年も遅らせて、我が国の発展にどれほどの障害を残したか測り知ることができない。

私はもちろん徳川家譜代の家臣ではなく、召し抱えられたのも一橋家の仕官時代を通じて前後五年間にすぎなかった。けれども慶喜公には大きな恩を受けているので、その高潔な精神をこのまま埋もれさせてしまうことが忍びなく、ついに慶喜公の伝記編纂を企画することになったのである。

【註】※① 時勢の変◆慶應四年（明治元年＝一八六八）から明治二（一八六九）までの、王政復古以後、鳥羽・伏見の戦いまでの戊辰戦争。

## 慶喜公の伝記編纂

慶喜公の伝記編纂事業に着手したのは明治二十六、七年の頃からで、最初は故福地源一郎氏が編纂主任で各種の資料を集め始めたのだったが、福地氏が亡くなられたあとは三上文学博士を顧問として萩野文学博士主任の体制となり、江間政發氏ら五、六名の人に頼んで作業を行なってもらっている。

それで伝記、歴史の資料なども百余巻に達しているが、まだこれだけでは予定の半分でしかない。書名は慶喜公の伝記とは言うものの、その間には尊王倒幕の大波乱もあり。外交問題の紛糾もある。こんにちなお資料の収集にも努めている。完成までの前途は、はるか遠くであると言わなければならない。

このようにしてあまりに長引いてしまえば、私も前途が短くなるし、また幕末の事情を見聞した老人たちも弱ってしまう恐れがある。現に、最初この種の人々に頼んで編纂の評議役になってもらったが、今ではそのうちの十人ばかりが亡くなられているという有様である。少し急がないと事情を知る人々がみないなくなってしまう。うっかりすると、あるいは私の生涯で成し遂げられないかもしれない。

それに事業は単に資料を収集するだけが目的ではなく、集めた資料によって、一編の歴史を編み出さなければならない。それも主任者は前述の通りだが、当時の事柄には私が関係したものもあり、熟知している点もあるから原稿はすべて私が通覧し、訂正しているのである。したがって実業界の用事は少なくなっても、こちらのほうでは新たに大きな用事が増えたのである。

このことは、私も最初から大事業であると思っていたから、すでに兜町の事務所内に編集室を、設けて経営しているのだが、今後は心血を注いで一日でも早く完成を急がせたい。そして私が生きているうちはもちろん、慶喜公がお元気なうちにぜひ脱稿してご覧いただきたいと思っている。

このような事業に対して骨を折るのも、渋沢は金儲けばかりしていると世間からは思われているようだが、そうではなく多少時勢に趣味を持った男であり、私がこの世を去ったあとまでも、この事業によって渋沢はそのような男だと後世の人に理解してもらい、渋沢がそれほどまでに苦心して伝記を編纂した人物は、誠に立派な人物であったと伝えてもらいたいからである。

## 済貧恤救の事業

もう一つは、貧しい人々や困窮者を憐れみ救う事業に微力を注ぎたいと思う。弱者保護の事業が必要なことはすでに別の章で述べているが、私の希望としては、貧民の救済およびその施療、身寄りのない子供たちへの教育、非行少年の感化、労働の紹介、下層社会の金融方法などが広く行きわたるようにしたいと考える。

明治七年、私が東京市養育院に関係してから、自らも投資し他の寄付も仰いで資金を作り、私は進んで市の職員となって相応に尽力してきた。ただし、これまでは多忙のために残念ながら手が行き届かないこともあって、三十余年の長い年月を費やしてきた割には、事業が思うように進捗していないのだが、顧みれば多くの苦心や困難に出遭った。

確か明治十五、六年頃だっただろうか、府会議員に反対されて「孤児とか貧民とかは、救済するから出てくるものだ」と暴論を吐かれ、そのため一時養育院は取り壊されたので、私一人でこの事業を背負って立ったこともあった。しかし段々と社会が進むにつれて、のちにはそんな暴論を吐く者もなくなり、救貧事業はむしろ社会的に必要であると見られるようになったのである。

私は東京市養育院の院長をしているが、今後は養育院だけでなく、各種の済貧恤救の事業に対してできる限りの力を尽くすつもりである。済生会に少し力を注いでいるのも、要するにこの趣旨からである。しかし今のところ、まだ学者も政治家も、あるいは宗教家も富豪も、このことに対して十分に力を注いでいるとは言えない。

現在の状態で漫然と続けていったなら、自然に貧富の懸け隔てはますますひどくなり、国家の平穏に多少の危害がおよぶ恐れもある。これらは我々が最も留意しなければならない点だろう。だから、私の老後における事業の中にもこのことを加えたわけである。

## 教育事業

さらに教育にも十分に力を尽くしたい。私が知る維新当時の偉人や豪傑の青年時代を思い起こし、現代の青年と比べると、今はどうも当時の青年に似た者を見出すことができない。どんなに現代の青年でも、大勢の中には偉人や豪傑がいないわけはないはずだが、どういうものか、現代青年の気風には卓越したものがない。のんびりとしたところもない。維新前の不羈磊落《ふきらいらく》、つまり自由奔放で、快活で、豪放でのびのびとした青年はのちに偉人や豪傑、そうでなくても一廉の人物にはなったが、現代青年にそういう面影を見ることができないのは、あるいは教育の弊害ではないかと思う。現在の教育は大勢を啓発しようとするために、数少ない傑出した者を犠牲にしていたりはしないだろうか。現在の教育を受けた青年は、会ってみればいかにも利口で役にも立つ。しかし、理想的な人間であると思わせる者は少ない。私はこのことが、必ずしも現代の教育法が杉苗の栽培法と同様であると断言はしないが、とにかく教育家に一考を願いたいと思うのである。

以上は一般教育に関する私の意見だが、今後、私はなお一層実業教育に力を尽くしたいと願っている。私が明治四十年頃、実業教育が必要であることを主張した際、世間は冷笑して受け入れなかった。実業教育などはまったく不要なものと考えていたらしい。けれどもその後、追い追い実業教育が必要である理由が世間に認められて、こんにちではむしろ隆盛を極めているのが現状である。

このぶんなら、ついに私の希望も近い将来、実現される日がくるだろう。女子教育にも尽力するつもりである。したがって東京高等商業学校、日本女子大学校などに対しては、できる限り相談相手になり、決して縁を断たない考えである。このようにして私は、老後を平和に過ごし、残された時間を価値あることに使いたいと思う。

# 渋沢栄一略年譜

一八四〇年（天保十一年）　武蔵国榛沢郡血洗島（現在の埼玉県深谷市）に生まれる。父や従兄弟から漢籍を学び、家業の養蚕・農業・藍問屋業に従事。

一八六三年（文久三年）　二十三歳。世の中の不合理に憤り、尊皇攘夷思想に染まって高崎城乗っ取りを計画したが中止し、京都へ出奔した。平岡円四郎の推挙により一橋慶喜の家臣となる。

一八六七年（慶応三年）　二十七歳。徳川昭武に従ってフランスへ出立し、翌年帰国。

一八六九年（明治二年）　二十九歳。静岡藩に商法会所を設立。明治政府民部省租税正、改正掛掛長。

一八七〇年（明治三年）　三十歳。官営富岡製糸場設置主任。大蔵少丞。

一八七一年（明治四年）　三十一歳。大蔵大丞。「立会略側」を発刊し会社設立を奨励。

紙幣頭。

一八七二年（明治五年）　三十二歳。大蔵少輔事務取扱。国立銀行条例発布（日本初の近代的銀行制度スタート）

一八七三年（明治六年）　三十三歳。大蔵大輔・井上馨とともに財政改革を建議し退官。第一国立銀行総監役。以後その生涯、様々な分野に亘り約五〇〇社の企業設立と育成に関わる。

一八七六年（明治九年）　三十六歳。東京養育院事務長。以後、生涯約六〇〇に及ぶ社会事業、教育事業に関わる。

一八七八年（明治十一年）　三十八歳。東京商法会議所会頭。

一八八一年（明治十四年）　四十一歳。日本鉄道会社創立。

一八八四年（明治十七年）　四十四歳。東京商業学校校務商議委員。

一八八五年（明治十八年）　四十五歳。東京瓦斯会社創立委員長。日本郵船会社設立。東京養育院院長。

一八八六年（明治十九年）　四十六歳。東京電灯会社設立。「龍門社」創立。

一八八七年（明治二十年）　四十七歳。東京人造肥料、日本土木、東京製綱、京都織物、日本煉瓦製造、帝国ホテル等創立。

一八八七年（明治二十一年）　四十八歳。札幌麦酒会社組織。

一九〇一年（明治三十四年）　六十一歳。日本女子大学校開校・会計監督。

一九〇九年（明治四十二年）　六十九歳。渡米事業団を組織し団長として訪米。前後4回に亘り訪米し、民間外交を主導。

一九一四年（大正三年）　七十四歳。日中実業提携のため訪中。

一九一六年（大正五年）　七十六歳。第一銀行頭取等を辞し、実業界から引退。日米関係委員会常務委員。

一九二四年（大正十三年）　八十四歳。東京女学館館長。日仏会館理事長。

一九二七年（昭和二年）　八十七歳。日米親善人形歓迎会を主催。

一九二八年（昭和三年）　八十八歳。日本女子高等商業学校発起人。

一九二九年（昭和四年）　八十九歳。中央盲人福祉協会会長。

一九三一年（昭和六年）　十一月十一日死去。享年九十一歳

渋沢栄一 先見《せんけん》と行動《こうどう》　時代《じだい》の風《かぜ》を読《よ》む

2010年9月15日　第一刷発行　ISBN978-4-336-05314-5

著者　渋沢栄一
現代語訳・国書刊行会編集部
発行者　佐藤今朝夫

〒174-0056 東京都板橋区志村1-13-15
発行　株式会社　国書刊行会
TEL. 03(5970)7421　FAX. 03(5970)7427
http://www.kokusho.co.jp

落丁本・乱丁本はお取替いたします。
印刷　㈱シーフォース
製本　㈾村上製本所

**資料　国書刊行会の渋沢栄一関連書籍**

渋沢華子著『徳川慶喜最後の寵臣　渋沢栄一　そしてその一族の人々』
渋沢華子著『渋沢栄一、パリ万博へ』
下山三郎著『日々に新たなり　渋沢栄一の生涯』
渋沢栄一著『青淵百話』（渋沢青淵記念財団竜門社解説）
渋沢栄一著『論語と算盤』（渋沢青淵記念財団竜門社編）
渋沢栄一著『渋沢栄一訓言集』（渋沢栄一青淵記念財団竜門社編）
『渋沢栄一事業別年譜』（渋沢青淵記念財団竜門社編）
矢野功作・画『学習まんが　人間　渋沢栄一』（渋沢史料館監修）

――＊――＊――＊――＊――＊――

『渋沢栄一伝記資料』全六十八巻　渋沢栄一伝記資料刊行会
渋沢青淵記念財団竜門社

論語と算盤　渋沢栄一述

◈B6判・並製　二六六頁　一二六〇円

我が国近代化のためにその生涯を捧げた渋沢栄一が晩年、折にふれ語った、処世から人生全般にわたる、滋味溢れる講話を集大成したもの。半世紀を経た今日でも、彼の肉声は私たちの心に強く響いてくる。

渋沢栄一の声が聴こえる　四六判・上製

渋沢栄一　国富論　実業と公益
国家にとって地方は真に元気の根源、富裕の源泉である。二七六頁　一八九〇円

渋沢栄一　徳育と実業　錬金に流されず
利義合一は東西両洋不易の原理である。二七〇頁　一八九〇円

渋沢栄一　立志の作法　成功失敗をいとわず
良いことと思えば…猛然と決行するのが勇である。三〇二頁　一八九〇円

＊表示価格は税込み価格です。